いのちはどこからきたの？　９歳までに伝える「誕生」のしくみ

この本を手にしてくださった方に

私は、日頃、バースコーディネーターという仕事をしています。

バースといえば「出産」です。妊娠前、妊娠中、産後の女性やカップルに、妊娠出産の生理的なしくみや、その素晴しい力についてお伝えする教室を開催しています。自分自身の子も5回産み育てていることから、よく、子どもの通う小学校や保育園の先生から、「子どもたちにもお産の話をしてください」とゲストティーチャーのお声をかけていただいて訪問しています。

タイトルは、「いのちの話」「こころとからだの話」「生まれるって、すごい！」などというように、そのつどアレンジされます。ついでに本物の妊婦さんや生後3カ月の赤ちゃんを連れていき、交流タイムをプレゼントします。子どもたちは妊婦さんのお腹にさわったり、赤ちゃんの頬や手、足をさわったりして、かわいさや愛おしさ、命への畏敬《いけい》の念を感じてくれています。

その他にも、保育園や小中学校、女子高校を訪ねたり、誕生学アドバイザーの養成研修を開催したりしています。


そもそもは、1993年に性教育のテレビ番組制作に携わったことがきっかけでした。そのとき、5歳までに80％以上の子が「赤ちゃんはどこから来たの？」と聞いてくると知ったことから、私のわが子への家庭内性教育が始まったのです。

当時5歳で、今年18歳になる長男は、素敵な感性を持つ青年になりつつあり、このやり方は、「子どもたち自身が親になることが楽しみになる方法」でもあるのだと思いました。

日頃から妊娠前の夫婦に接していると、親に聞いてきた出産の話が悲惨に脚色して語られ、出産観や育児観に負の影響を与えているのがわかります。「誰も助けてくれなかった」「お腹の上に乗られた」など、出産を救急事態発生のように恐ろしい話として聞かされた子は、「親になるということは、命を半分落とすようなことだ」と錯覚《さっかく》してしまいます。

「次世代の出産観、育児観、つまるところ生命へのセンスは世代間伝達される」ことを実感する日々です。

そこで、自分自身の子どもだけでなく、学校からの依頼で児童たちへも伝える、という活動に広がっていったのです。


その後、この活動は「誕生学」として商標登録され、いのちの始まりの素晴らしさを伝えるプログラムとして確立していきました。

私と同じように、「子どもたちにいのちの大切さを伝えたい、心と体のつながりを豊かにしてもらいたい」「子どもたちに、15年後や20年後に親になるかもしれない自分の未来を楽しみにしてほしい」「体の素晴しさを伝えたい」と願う女性たちや、父親である男性も、子どもたちへの効果的な伝え方を学んでくださっています。

子どもたちは、どの子も、体の話や命の話が大好きです。

授業後のアンケートには、いつも子どもの未来をいっそう明るいものに感じる言葉があふれています。

「知りたかったことが知れて、すごく、うれしい！」

「自分も生まれてきただけですごい命なんだ、ってわかりました」

「おなかの赤ちゃんが、指しゃぶりの練習をしているなんて、すごい生きる気まんまんだと思いました」

「人は、生まれるとき、まだ赤ちゃんなのに、自分であごを引き、まわりながら工夫することを聞いて、自分もしていたなんて、自分はすごい頭がいいと思えました」

「家に帰って、お母さんにぼくが生まれたときの話を聞いたら、すごくうれしかったと言ってくれました。名前の意味もおしえてくれました」

「自分もいつか、産むのが楽しみになりました」……。

先日、小学校1年生の教室で話をしたとき、ビデオで記録していたカメラマンが「お話聞いてどうだった？」と聞くと、「幸せだった」と答えてくれた子がいました。その感想こそ、いちばん感じてほしい想いです。


解剖学的な名称のみを伝える性教育の授業も多いかもしれませんが、私は自尊感情を持つことが大前提だと考えています。まずは自分自身の命を素晴らしいと感動し、成長や変化の意味を知ってもらう。今の自分にOKを出せることからしか、真に未来が楽しみになることは始まりません。

学校で教えてもらう解剖学的な授業で、性器の名称やしくみの名前を聞いただけでは、その価値や本質への感動は得にくく、どこか他人ごとのような感覚があるのではないでしょうか。

たとえば、「これが男性。こちらが女性。ふたりがひかれ合うことを恋愛といいます」と説明されても、愛し合うことの素晴らしさを体感することは難しいと思います。

「男性と女性はお互いに体のつくりが違いますし、役割が違います。人は自分と同質のものに安心感を抱き、異質のものに警戒心を抱きますが、異質だからこそ〝相手を知りたい〟と関心が湧き、違う質を持つもの同士がわかり合えたらステキです」

こう話すと、小学校高学年の子どもたちも、異性に関心を持ちはじめた自分を受け入れることができます。体の違いをしっかり知識として持つことが、優しさの始まりだと感じてくれます。

本書によって、「性の話題や心の問題が生じたときは、まずは親に相談する」という親子関係の種まきとなりますように……。

2005年5月

大葉ナナコ

この本を手にしてくださった方に　2

パートⅠ
「いのちの話」が ステキな「ギフト」になる理由

母として、人として　12
性教育ってどんなイメージですか？　14
話をするには順序があります　18
へその緒の話　22
9歳までに話すのはなぜ？　25
中学生からではムズカシイ　27
体の神秘に触れる瞬間　29
人間以外のほ乳類は……　31
たとえばこんな悲劇を防ぎたいから　34
大人になる準備を手伝うプロジェクト　36
愛しているから伝える　38
子どもだって求めている　41
「水着で隠れる部分」の話　43
「つ」がつくまでは膝の上　45
沖縄の育児に学ぶ　47
男の親と女の親　51

パートⅡ
「食卓」と「性」をつなぐ子育て

初体験が早い子の共通点とは？　56
「感じる」食育　58
私の失敗例から　60
最初の食べ物は母乳　62
「いただきます」を見直すことから　68
食べながら性教育!?　70
日常会話にさりげなく　73
感動の「ところてん」　75
家族で食卓を囲めない時代に　77

おたくの食卓の「周波数」は？　79
「愛してるよ」と言いながら作ると……　82
脳と皮膚は同じ細胞からできている　84
「豪華な外食」より「ささやかな手作り」　87
生きる力を育ててあげるということ　90
いま、子どもたちが食べているもの　92
「食卓」と「子どもの性」の関係　95
家庭でバッテリーチャージ！　99
食卓力のつけかた　104
夜、一緒にいられないなら……　107

パートⅢ

こんなときどう話す？　Q&A集

Q1　私たちも性教育を受けなくて、問題なかった。だから、あえて話さなくてもいいのでは……　112
Q2　わざわざ親が教えなくても、自然に知る。それでいいんじゃないですか？　114
Q3　息子の友達のお兄ちゃんが、アダルトビデオを見ているらしいんです。まだ中1なのに……　119
Q4　うちの息子、まだ小学校4年生なのにもう精通が始まったみたいで、正直あわてています。　121
Q5　男の子と女の子では、成長の仕方が、やっぱりいろいろ違うのでしょうか？　122
Q6　女親は、どうも男の子には性の話がしにくい。どうすればいいでしょう。　125
Q7　小学校3年生の娘に、そろそろ生理の話を、と思うのですが、気をつけることはありますか。　128
Q8　性のこともその他の子育ても、母親にばっかり責任を負わすのって、おかしいと思いませんか？　130
Q9　しょっちゅう夫婦げんかをしているので、性の話をしてもウソっぽく思われそうです……。　132
Q10　昔みたいに「赤ちゃんはコウノトリが運んでくる」と教えてはいけないのでしょうか。　134

Q11　赤ちゃんが産まれるときの話をするとき、「しくみ」以外に伝えなくてはならないことは？　137
Q12　「お母さんには、どうしておちんちんがないの？」って聞かれました。どう答えましょう。　140
Q13　さりげなく性の話をするきっかけづくりに、何かいい方法はありませんか？　143
Q14　子どもに出産のときの様子を話すとき、何をどう話したらいいんですか。　146
Q15　「難産でつらかった！」って言ってしまいました。取り返しがつきませんか？　151
Q16　親がタッチコミュニケーションしようとしても嫌がられませんか？　153
Q17　大葉さんは、働きながら5人も子育てしてて、どうしてお子さんと会話ができてるんですか？　156
Q18　食卓だけでなく、うちの子はいつだって親の言うことをきかないので困っています。　158
Q19　9歳の息子が最近やたらと反抗的。性の話など、できる雰囲気ではありません。　161
Q20　「つ」がつくまでは膝の上とか、「2歳まで母乳」って、子どもを甘えさせることになりませんか？　163
Q21　「生まれてきてくれただけでありがとう」と伝えるのって、そんなに大事ですか？　166
Q22　7歳の息子が、学校から帰ってくるなり、「セックスって何？」と聞いてきました！　168
Q23　将来、子どもに避妊の話もしなければならない、と思うと、どうしても気後れします。　170
お勧めブックリスト　173
巻末付録絵本「いのちの道」　177

パート
I

「いのちの話」がステキな「ギフト」になる理由

母として、人として

私には5人の子どもがいます。2005年4月の時点で、高3の長男、高1の長女、小6の次女、小2の三女、そして3歳半の次男。

男・女・女・女・男……、計画的に4年あけようと意識したわけではないのですが、なぜか4年に一度のお産なので、いつも出産後に冬季オリンピックがあります。

たいていの方は、この事実を知ると「いまどき5人!?」「どうやって育ててるの?」とびっくりされます。

実際の私は、4歳違いの5人の子育てで「ちょうどよい」と感じています。誰か1人いないと気分が落ち着きません。4つずつ離れていると、弟や妹が生まれたときも、上の子はもう、うんちもおしっこも自分で行けるようになっています。赤ちゃんにおっぱいをあげているときに、「ママうんち出たーっ!」って言われて、大あわてでふくなんて必要もない。ごはんも1人で食べられるようになっています。だから想像するほど嵐のような育児ではないと思います。

でも、たいへんじゃないというとウソになります。3歳ぐらいまでは天使のようにかわいいけれど、反抗期になると誰か助けてよって言いたくなるときもありますし……。子育て歴18年、つまり母親歴は18年ですが、5児の母親歴はまだたった3年半ですから、四苦八苦の修行中の身です。

そんな毎日を過ごしながら、一方で私は「バースコーディネーター」として働いています。お産の不安や子育てに悩むお母さんたちに、出産前後のアドバイスをする仕事です。妊娠前から自然なお産を知る講座や、産後の母子教室を開いたりしています。

さらに月に数回は、各地の幼稚園や保育園、小学校などで、子どもたちとお母さんたちに「赤ちゃんのときってこんなにステキなことが体に起きるんだよ」といった「誕生」にまつわる話、「いのちの話」をしています。

時間のやりくりは大変ですが、平均的なお母さんより数多く子育てを繰り返しているので、このような話をするときには、失敗談も含めて、私自身の経験が大いに役立ってもいます。

朝6時から9時までと、夜6時から9時、10時までは、母としての時間。朝9時から夕方6時までは1人の人としての仕事時間。両方の経験が循環して、公私ともに次世代育成支援真っ最中の毎日を生きています。

性教育ってどんなイメージですか？

さて、みなさんは「性教育」と聞くと、何を思い浮かべるでしょうか？「性」という字に反応して、反射的にエロティックなイメージが浮かぶかもしれませんね。あるいは「セックスのことを子どもに伝える」ことを想像してひるむかもしれません。

でも性の教育というのは、なにも性行為の場面だけを切りとって伝えることではありません。

この世の新しい命は、動物も植物もみな、交尾や受粉によって始まります。60億人の地球人も、男女の性的な関係からしか生まれません。その始まりの事実とプロセスを伝えて「幸せになる力」を与えることは、いやらしいことでもなんでもないはずです。

具体的には、「誕生教育」「出産教育」「生命教育（避妊教育）」、そして「成長（性徴）教育」「性感染症防止教育」などがあるのですが、ひとことで言えば、性教育とは「心と体がイキイキするための教育」といえるでしょう。

「性」という字を見てください。「心が生きる」と書いて「性」。性とは、いやらしいことでも、隠すことでもなく、心と体を活かし、イキイキ生きることにつながる、素晴らしいことなのです。

でも多くの親は、性行為そのものをリアルにありのままに教えなくては、とドキドキしてしまって、「私にはそんなことできない！　誰かやって」というふうに思ってしまいがちです。

まずはここで、性を伝えることとは、性行為とか、交尾とか、生殖のことに特化して伝えることではない、ということを知ってください。人と人、心と体のつながりの尊さを伝えることと捉えていただけたらと思います。

誕生の話は、とてもロマンティックで感動的なものです。

「〇〇ちゃんが生まれてきたとき、お母さんもお父さんも、おじいちゃんもおばあちゃんも、みんなすごく嬉しかったのよ」と、その子が生まれてきたときに、まわりの人がどれだけ喜んだかを伝えたり、「あなたは、お母さんのお腹の中から生まれてくるときに、自分ですごい力を発揮したのよ」と、その子の生命の始まり方を教えたりすると、子どもは自分のことを、「何かができるから」愛されるのでなく、「生まれてきただけで」ありがとうと言われる存在なのだと知ることができます。

そしてそれが、小さな命を大きく育むエネルギーとなっていくのです。

性とはまた、「心と体の豊かな関係を結ぶエネルギー」でもあります。

子どもに性を伝えるのは、「心と体の両方が大事なんだよ」というのを幼いころからしっかりわかってもらうためでもあります。

心も大事だけど、体もとっても大事。心は体の中に入っているんだからね――。そう伝えると、子どもたちは「そっか、体は心のいれものなんだ」という感性を、小さなころから大事にして育てていくことができます。

「いつ」が問題なのではなく、「いつでも」。心と体を大切に、自分も他人も大切に生きることのベースになる価値観を育む場は、家庭がいちばん。子どもの人生を守る知識を家庭で伝えられなければ、誰が子どもを守るのでしょう。

「性の話は中学校になってからでいい」と思っていらっしゃる方が多いのですが、こんな性の話なら幼いころからできますし、むしろ早くから話しておくほうがよさそうだ、とわかってもらえるのではないでしょうか。

話をするには順序があります

とはいえ、じゃあ、何をどうやって話せばいいかとなると戸惑いますね。

私たちが子どものころは、性教育なんてまともに受けた人はいないはず。だから戸惑って当然なのです。

私自身も、最初は大人、次に女子高生……というように、性について話す対象年齢をだんだん下げながら、ようやく「家庭で子どもに性と命の話をする方法」をつかんでいきました。

その中でわかったことのひとつは、「話をするときには効果的な順序がある」ということです。その順序さえつかめれば、「命ってそんなすごい力を持ってるんだ」とか、「命って不思議だけどなんかうれしい」というように、自然な形でスルスルと子どもたちに入っていきます。

最初に話すのは、「誕生」の話です。私はこれを「いのちの話」と呼んでいます。

実際に試していただくとわかるはずですが、とにかく子どもはどの子も、自分が赤ちゃんのときにどうやって生まれてきたか、という話が大好きです。目をキラキラさせて、「うっわ、オレ天才じゃん」とか言うんです。

子どもが「自分は天才！」といった感想をもらすのは、「赤ちゃんはお腹の中にいるとき、いろいろなことを自分の力でなしとげて、自分の力でこの世に誕生する」という事実を教えてあげるからです。

この胎児の神秘的な力については、大人でも知らない人のほうが多いのではないでしょうか。

たとえば陣痛は、赤ちゃんのサインで始まります。赤ちゃんから副腎《ふくじん》ホルモンが出ることで、子宮が収縮を始めるのです。「もう育ちあがったから会いに行くよ」という合図を、赤ちゃん自身が出しているのです。

また、赤ちゃんは産道を通ってくるとき、スムーズに出られるよう自分でくるくる回りながら移動します。私は小学校などで話すとき、そうした姿がわかるイラストや、赤ちゃんが生まれてくる瞬間のビデオを子どもたちに見せます。

「ほら見て。赤ちゃんが自分で生まれてくる力を使っているでしょう！　みんなも、ちゃんと自分の『生まれてくる力』を使って、お誕生日の日を自分で決めて生まれてきたんだよ。生まれる力ってすごいね。みんな誕生のプロだったんだよ」

そんなことを話すと、男の子も女の子も「わあ、そうなのか」と、自分に誇りを感じてくれます。そしてそうやって生まれてきた自分の命を大事にして生きていこうと思ってくれるようになります。そのことは、話をしたあとに書いてくれる感想文で、いつもひしひしと感じています。

みなさんも、この本の巻末につけた絵本をお子さんと一緒に見ながら、「いのちの話」をしてみてください。

誕生の話をすることで、私たちはすべての子どもに、〝自分ってスゴイ!!〟という「自尊感情」をプレゼントできるのです。

「いのちの話」を聞いた子どもたちの感想から

授業後に毎回書いてもらう子どもたちの感想文は、私の宝ものです。

●赤ちゃんてすごいなあと思いました。10年前、自分でおぼえていないことをしていたなんてすごい!!

●針で紙に穴をあけた位のところから自分がよく育ったなあと思いました。

●生命の大切さを知りました。いままで命ということをあまり気にすることはありませんでした。人間だって、動物だって命があります。お話を聞いて人間や動物の命のことを知りたくなってきました。

●私も大人になったら子どもをうむのかなーと思うと、とてもうれしい気がします。私が命をたんじょうさせることができるからです。

●家に帰ってお母さんに「私をうむとき大変だった?」と聞いたら、「つるんとすぐにでてきたよ」と教えてくれました。おなかにいるときのことはおぼえてないけど、お母さんと私はへそのおでつながっていたんだなあーと思いました。

●生まれる前にお母さんが転んでも大丈夫なように温かい水の上にういているなんて思っていませんでした。

●お母さんから「バカ」とか言われてたけど、生まれて来る時、いろいろな知しきをもって生まれて来たので、私は、自分はバカじゃないと思いました。

へその緒の話

それでも、まだ「いのちの話」をするのに戸惑うようなら、まず「血液型」、そして「へその緒」の話から入ってみたらいかがでしょう。これは実際、私が子どもたちに「いのちの話」をするときの導入に使っているものです。

どこの小学校で話をしても、4年生ともなればしっかりしたもので、「みんなは、お母さんのどことつながっていたんでしょう?」と聞くと、「おへそとつながってたっ」と、ちゃんと答えられます。

でも、「じゃあ、どうやって?」と聞くと、わからない。

そこで、私は妊婦のお腹の中の図を見せます。そして、

「ほら、ここに胎盤《たいばん》っていうのがあってね、これが40週間ずーっとみんなのことを守ってくれるんだよ。お母さんと血液型が違う人いるよね。お母さんはA型だけどボクはO型、とかね。

お母さんと血液型が違うのに、どうして血が混ざらなかったんだと思う? そ

れはね、この胎盤が、お母さんの血液を赤ちゃんにいちばんいい血液になおしてから、へその緒に通して送ってくれてたからなんだよ。

煙草の煙とか吸っても、ここがフィルターの役目をして、へその緒につなげないようにしてたんだよ」

というように説明すると、目がランランと輝いてきます。

それから私は、産院でもらったへその緒を見せます。「これが私の5番目の子のへその緒です」と。続いて、

「みんなのへその緒も家にしまって

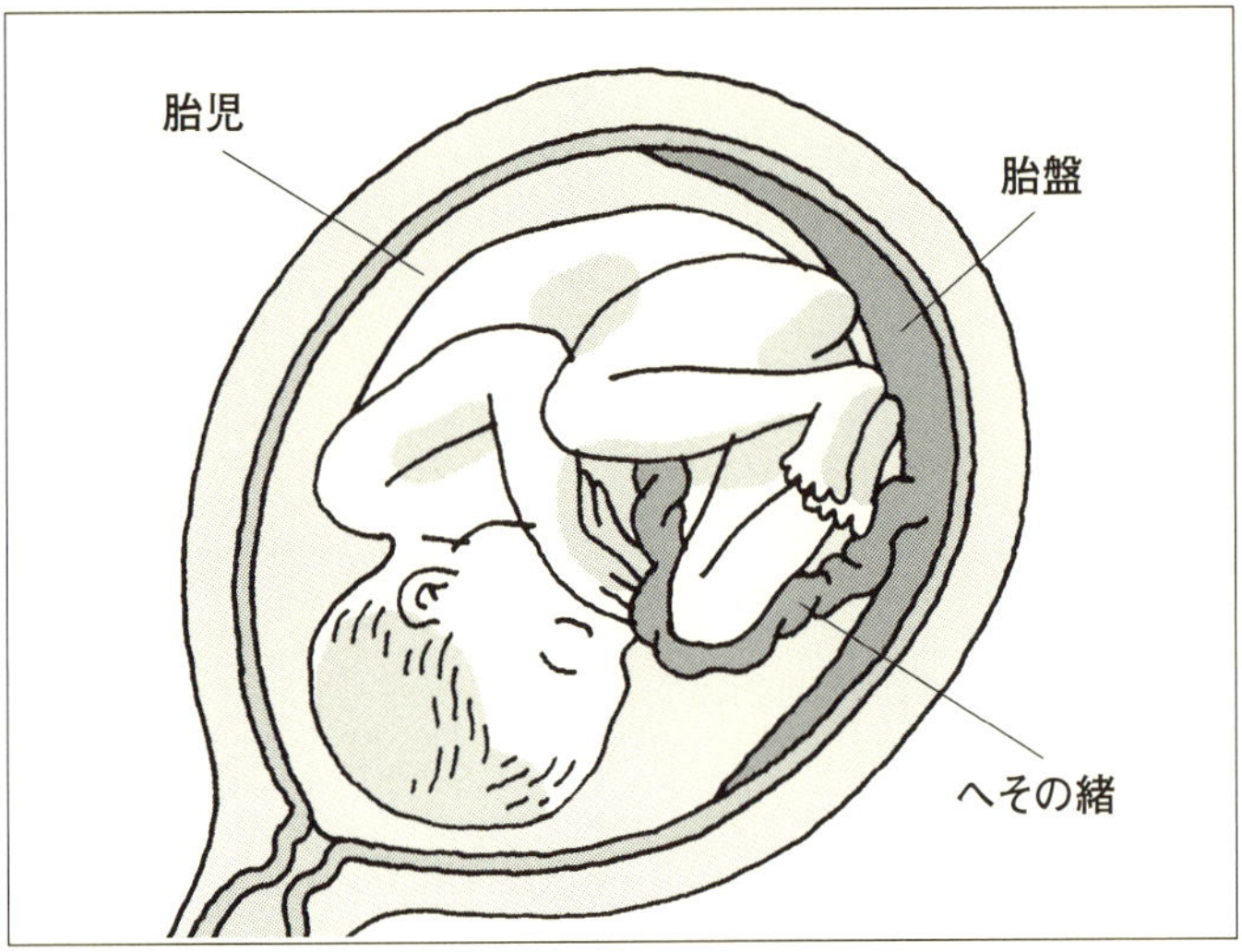

あるかもしれないよ。お母さんとつながっていた証拠だから、お母さんに聞いてみて。もしあったら見せてもらってね」

と、つけ加えるようにしています。

最近は、へその緒をくれない病院もあるようですから、持っていない方もいるかもしれませんが、もしどこかにしまっておられるのなら、ぜひ見せてあげてください。

ちなみに、沖縄の那覇市立病院では、胎盤を持って帰れるそうです。へその緒じゃないですよ、胎盤です。

沖縄では、今も土のある家庭は胎盤を埋める風習が残っているんです。近所中の子どもたちを集めて、男の人たちが先導を切って「ワハハハ」と大笑いして埋めるそうです。その子の人生が笑い声であふれるように、と。

明るい心は人生の宝だよという思いで、子どもたちの先輩と親たちとで胎盤を埋める――。とてもステキな風習だと思ったので、私も真似をして末っ子の胎盤を、家を建てるときに庭に埋めました。野犬が掘り起こしそうでちょっと怖かったので、駐車場のコンクリートの下にしっかりと（笑）。

さてへその緒の話ですが、私は、いつもこんなふうに締めくくっています。

「自分のおへそ、さわってごらん。そこがお母さんとつながってたんだよ。でもね、今でも、みんなとお母さんは、見えないへその緒でつながってるんだよ。だから心配なことがあったら、いつでもお母さんのひざの上に乗っていいんだよ」

9歳までに話すのはなぜ？

性に関する基礎的な話、つまりこのような誕生の話は、できるだけ早いうちにしましょう。具体的には9歳、小学校3年生か4年生までにするのが望ましいと思っています。京都大学名誉教授の大島清先生（動物生殖学）も、9歳以後、第二次性徴期に入り、性腺刺激ホルモンが分泌されはじめると述べておられます。

エイズ教育でも有名な広島の産婦人科医・河野美代子先生は、3年生を過ぎると、子どもでも、もう性欲があるとおっしゃっています。

性欲というのは、男の子の場合ならたとえば射精感覚です。性器がモゾモゾする感じがしてくる。早い子だと、4年生ぐらいから精通のある子もいます。男女とも、4～5歳からマスターベーションをしている子もいます。

そんなわけで、4年生くらいから、男の子も女の子も、「○○クンを見ると、胸がドキドキする」とか「○○ちゃんから見られたら、恥ずかしくて顔が赤くなる」といった感情や体の変化が始まってきます。裸で何かしたいとは思わなくても、異性を見て性器に何か感じはじめる時期の到来です。

個人差はかなりありますが、このころから生理が始まったり胸がふくらんだりといった第二次性徴も始まります。

それ以前であれば、「おちんちんに毛が生えてくるよねー」とか、「脇の下に毛が生えてるよね」とか言っても、いやらしいとかエッチといった感情はそれほど抱きません。日常の普通のことと同じように受けとることができます。なのに4年生以上になると、ガラリと変わるのです。「もう、お母さんたら、なんでそんな話するの！」なんて言って怒ったりします。

子どものセクシャリティが育ちはじめるから恥ずかしがるんですね。そうなると、親も照れてしまったりして、もう自然な会話ができなくなってしまいます。

つまり、4年生、10歳になると、急にシンプルに伝えにくい世代に突入するので、その前に話しましょう、というわけです。

中学生からではムズカシイ

中学生になってから、初めて性の話をするのは至難のわざです。「ねえ勉強しなさいよ」「うるせぇなぁ」。「ちょっとあなたここに座りなさい、大事な話するから」と言っても、「いいよ」って、むこうにプイッと行ってしまいます。

中学生といえば12歳から13、14歳。魔の14歳などと呼ばれていますが、心理学的に言えば、この時期は「親殺し期」です。大人と自分の境界線を意識し、親に反抗して反抗して、自分の限界や、自分のキャパシティというものを実感していく時期なのです。

そういう意味では、反抗は健康な発達の印でもあるわけです。

でも、ただでさえ反抗して、親子でドンパチになるこの時期に、性の話をロマンチックに伝えようとしても、そうはいきません。

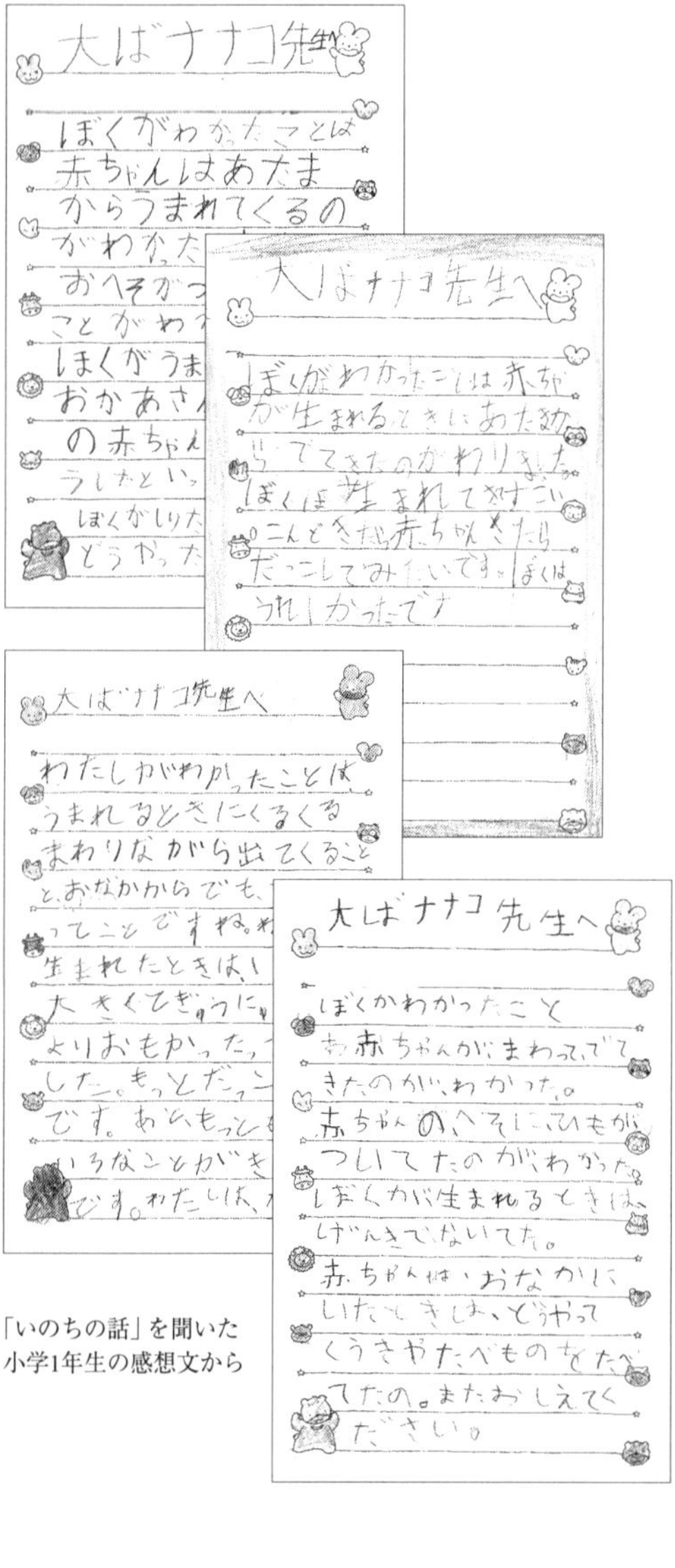
大ばナナコ先生へ
ぼくがわかったことは赤ちゃが生まれるときにあたまからでてきたのがわかりました。ぼくは生まれてすごいこんどきたら赤ちゃんきたらだっこしてみたいです。ぼくはうれしかったです
大ばナナコ先生へ
ぼくがわかったこと
赤ちゃんがまわってでてきたのが、わかった。
赤ちゃんのへそにひもがついてたのが、わかった。
ぼくが生まれるときは、げんきでないてた。
赤ちゃんはおなかにいたときは、どうやってくうきやたべものをたべてたの。またおしえてください。

「いのちの話」を聞いた
小学1年生の感想文から

体の神秘に触れる瞬間

それに対して9つまでに話せば、「これから10歳になっていくけど、10歳からの10年は、とってもカッコイイ、大人への準備がどんどんできていく時期なんだよ」といったアプローチができます。この時期までなら、たとえば女の子に「あなたのお腹にも、これくらいの子宮が入ってるのよ」と言うと「ホント！　入ってるの？　もう？」なんて驚きながら、自分のお腹をさわったりします。

命の神秘や尊さに対する素朴な驚きを抱けるこの時期だからこそ、そのあとの話もスムーズに流れていきます。

「赤ちゃんタマゴのもとになるものは、○○ちゃんがお母さんのお腹の中にいたときから眠っていたんだよ」と言いつつ、男女の体のしくみがわかる本のイラストなどを見せながら、男の子には精子の素となる精母細胞、女の子には卵子の素になる原始卵胞が、胎児のときからもうつくられていくことなどを簡単に説明していけるのです。

大人でもご存じない方が多いのですが、原始卵胞は、胎児のときがいちばん多く（約２００万～３００万個）卵巣に蓄えられているんです。そして、生まれるときに50万個ほどに減り、さらに大きくなるにつれて、だんだん減っていくのです。

難しい用語は別として、そういう体のしくみを教えてあげると、子ども自身が、自分の成長を楽しみにするようになります。

でも、中学校に入って、毛が生えるようになってから伝えようとしても、こういう展開はまずムリ。「その毛はね……」なんて親が言っても聞いてくれないだろうってことは、自分の思春期のときのことを思い出せば、容易に想像がつくのではないでしょうか。

人間以外のほ乳類は……

子どもはそんなに早くから性に目覚めるのか……、と思われるかもしれません。でも、自然の摂理からすると、不思議でもなんでもありません。

アフリカの奥地などでは、女性の場合、今でも12歳で初潮、14歳で初婚、15歳で初産といった人生が営まれています。500年前の日本でも、たとえば豊臣秀吉は24歳で14歳の妻・ねねを迎えています。

月経が始まるということは、排卵が始まるということ。排卵は初潮から1～2年後に始まります。それは「母親になる準備ができました」ということですから、自然の摂理からすると、性に関心を持つのは、むしろ健全に育っている証拠です。

犬でもキリンでも象でも、ほ乳類は交尾を始めたら親からエサは与えられません。人間以外は、「交尾をする＝次世代で家庭をつくる準備ができた」。そうなったら、自分でエサをとりなさいと突き放されます。

森の中でメス鹿が他のオスと交尾を始めたら、親離れのために自分でエサを探させます。野生の猫だって、交尾している自分の子猫を、親猫は親離れさせます。親離れするのが遅いのは人間だけ。異性とセックスをする年頃になっても、家に帰って親にごはん食べさせてもらっているのは、じつは動物界では人間くらいのものですね。

それは、親の中に子どもの自立へのはっきりした目標がないからでしょう。親に目的意識がないと、いつまでもこの親でよかったと思われたいと、ついご機嫌とりをして、子どもが自立できないレールを敷いてしまったりしがちです。同じ親として、その心情はとてもわかるのですが、子どもにとってそれが本当の幸せか、となると疑問を持たざるを得ません。なぜなら、子育ての究極の目的は「子どもを自立した1人の大人に育てること」に他ならないと考えるからです。

こんな話をしたのは、体の成長というのは生活能力をつけていくシグナル、サインだということを知ってほしかったからです。だからこそ、人間の大人として豊かに成長していくために必要なことを、体が成長してしまう前に教えておいてあげる意味があると思っています。

親が子に必要な知識や知恵を持たせないまま、その子がティーンエージャーをとりまく世間の荒波に潜り込んでいくと、悲しい事態も起こりかねません。友達がセックスをしはじめたと聞いて、それなら自分もと、避妊もしないでセックスをして性感染症にかかってしまう、あるいは妊娠してしまうといったことがとても多いのが現状です。

これは大げさな話ではありません。今の日本は、かつてないほど性感染症が蔓《まん》延《えん》していて、もう大人だけの問題ではなくなってきています。専門家の情報を元に、大人たちはもっともっと現状改善の具体策を育児の中で考えていかなければならない――、そういう時代なのです。

たとえばこんな悲劇を防ぎたいから

２００５年４月現在の「性の健康医学財団」サイトによれば、10～15歳女子では、23人に１人がクラミジアに感染していると推定されています。クラミジアというのは性感染症の一種、セックスによって感染する病気です。

カンジダやトリコモナスなど、性感染によって膣炎《ちつえん》を起こしたりする病気は他にもありますが、たとえばカンジダは、菌の抵抗力が落ちれば自然に治ったりします。ところがクラミジアは、無症状なのに、放っておくと相手のペニスからクラミジア原虫という細菌が入ると、膣の中から卵巣に向かって命の素を奪うかのように侵食していく怖い病気です。

この数字は診断できている範囲での予想数ですから、実際はもっと多いはずです。

医科大学の先生から、ある高校３年生の女の子がお腹の激痛で運ばれてきたときの話を聞いたことがあります。

この年頃の女の子が激しい腹痛で運ばれてきた場合、病院側では子宮外妊娠の疑いがないかを確認するといいます。それでこのときも、「あなた最近ボーイフレンドと避妊しないでセックスしてた？」と聞きましたが、その子は、「そんなことしたことないです。ボーイフレンドとかできたことないです」と答えるばかり。

ところが急いでレントゲンを撮って開腹手術をしてみると、卵管がウィンナーソーセージほどにも肥大して癒着《ゆちゃく》していたのです。普通はボールペンの芯くらいの細さですから、どれだけ膨れていたかわかるでしょう。

その子は、ウソをついていたわけではありません。本当にボーイフレンドもいなかったし、セックスをしている人もいなかった。

だけど、後でわかったことは、中学3年生のときたった一度だけ、好きだった先輩に公園に呼び出され、抱きしめられ、キスをされ、まさぐられ、何かわからないけど下半身がちょっと痛かったという体験があったのです。

何年も前のたった1回の経験が原因だなんて、その子でなくても想像がつかないのではないでしょうか。

結局その子は腫れあがった卵管を切除して、子宮と卵巣を結ぶ道を失いました。つまり、一生妊娠することができなくなったのです。

大人になる準備を手伝うプロジェクト

私たち親が性のことを伝えるのは、その子の命を輝かせるためだけでなく、10代や20代になったとき、無知ゆえに永久に不妊症になる要因の発生を防ぐためでもあります。

子どもは、私たちにとってはいつまでも子どもに違いありませんが、肉体的には大人になっていきます。他のほ乳類と同じように、10代になったら親になる準備が始まります。それが初潮であったり精通であったりするのです。

「ウチの子はボーイフレンドとのエッチなんてまだまだよ」というのは大間違い

です。体の中で親になる準備が始まるということは、脳から異性を魅力的に感じるホルモンも出てくるということです。小学校の高学年以上になれば、「あの人と手をつないだら、なんかドキドキして嬉しいだろうなあ」と思うのも自然で、また徐々にそれを実行していきます。

10歳の子どもが異性のクラスメイトを好きになり、セクシャリティを感じているとしても、それは体の自然な営み、自然な発達です。

その子が10年後、20年後に親になったとき、本当に愛する人と心と体を大切にしあえるようにしてあげたい。それまでは、できるだけ望まぬ妊娠などしないようにする感性を身につけさせてあげたい――。

子どもの体がどんどん変化していく中で、女性が女性に生まれてよかったと思い、男性が男性に生まれてよかったと思ってもらえるかどうか、また性同一性障害があるとしても、自分の「性」をいかにとらえるか、その土壌作りは私たちにかかっています。

学校では、伝えるにしてもせいぜい年間数時間で限界があります。でも家庭で伝えるならたっぷり時間があります。

性の話を伝えることは、親だからできるステキなプロジェクト。豊かな命をつなげるという、とてもやりがいのあるプロジェクトなのです。

愛しているから伝える

性の話も出産の話も、要は子どもの未来を守るために伝えること。子どもの未来を愛してるから伝えるわけですよね。

実際にその子が成長したときには、子どもの食べ物も買えないから産めないなんていうこともあるかもしれません。そういう事情がなくても、産む産まないは個人の自由、その子の人生観とも関わってきます。結果的に子どもを産まないこともあるでしょう。

でも、「産まない」と「産めない」とでは違います。子どもが幸せな親になり

授業を聞いた親の感想から

私たち親世代は、子どものころ性に関してほとんど何も聞かされなかったこともあり、「誕生学」はどこの学校で話しても、親としてだけでなく、1人の人間としても新鮮に受けとめていただいています。

●今日家に帰ったら、たくさん子どもと夫と話したいなあと思いました。

●子どもは10歳の女の子です。まだスキンシップをほしがるので悩んでいたのですが、お話を聞いてまだ受けとめてあげていいんだと思えるようになりました。

●これから迎える中学生～思春期も、今日の話を思い出して子どもと成長していきたいと思います。

●まだ未来のことと思っていましたが、すぐ近くに大成長のポイントがあることがわかりました。

●「いのちの道」ってすてきな名前ですね。ここには書ききれませんが、子どもに私たちが大切に思っていることを伝えていきます。

●“自分ってスゴイ”っていう言葉は、自分でもこれからの子育てで必ず心にとめていきたいと思いました。

●性のことはいちばん話したくないところでしたが、ずいぶん気持ちが楽になりました。

●私が出産前にこういう話を聞いていたら良かったな～と思います。しかし女の子がいますので、今後のことにつながるように心がけたいと思います。

たいと思う時期が来たときに親になれる可能性を狭めないことが、私たちにしてあげられることだと思います。

１００～１０１ページで紹介するデータにあるように、性に関してとりたてて話さなくても、正しい性感染症防止の知識や避妊教育などをしなくても、親子が会話するだけで、ただ思春期に会話をする時間が多かっただけで、性感染症を防ぐ力が増すといいます。そのうえ性のことも伝えられたら、鬼に金棒ということになります。

愛しているから伝える――。わが子が将来、性感染症になったり、知識不足によって後天的に不妊症になって赤ちゃんを授かれないということになったら、どんな親だって悲しいはずです。

ちょっと卵管が細いとか、排卵の力が弱いとか、ちょっと精子が弱いとかなら、薬の力や生殖医療技術で助けてもらうことができるかもしれない。けれども、性感染症が原因で産めなくなったとしたら、それは私たち大人の「伝えなかった行為」が原因です。

次世代の人が幸せに未来を育てられるかどうかは、私たちの責任。そして同時にとても尊い未来への投資でもあります。さらに、私たち親が手をつないでできる、未来をずっとずっとつなげていけるプロジェクトじゃないかとも思っています。

子どもだって求めている

アメリカの現政権下では、宗教的なことも絡んで禁欲主義のスタンスをとり、ティーンエイジャーにセックスは必要ないという考えを広めています。でも、そのアメリカで、ティーンエージャーにアンケートをとってみると、90%以上が正しいことは堂々と教えてほしいと回答したというデータもあります（国民運動計画「すこやか親子21」報告会での文部省事務次官の発表）。危ないことは危ないと教えてほしいと言うのです。

思春期育児というのは、大人になる手伝い。いずれ、10年後20年後、大人になっていく彼らの自立の手伝いですから、自分の体は自分で守るということを手伝うのが思春期の子どもを持つ大人の仕事です。

国を問わず、子どもというのは、本質をズバッと突いてくるなと思います。大人は危ないことは危ないと、ちゃんと教えるべきでしょう。たとえそれが性に関することでも。食べ物をあげて、お風呂に入れて、制服買ってあげて、給食費を振り込んで……、そういうことだけが子育てではないですよね。

性教育は生命教育です。セックスシーンを説明するだけが性教育ではありません。いかに生きるか、心と体をどのようにつなげたいかを一緒に考えることが性教育だと思うのです。

生命はいかに尊い存在であるかということは、いかにして始まって、いかにして生きる力を使って生まれてくるかを伝えることによって、子どもたち自身が実感していくのです。

「水着で隠れる部分」の話

9歳までに性やいのちの話をしておくことは、わが子を性犯罪から守ることにもつながります。男の子のお母さんも、ひとごとではありません。最近は男の子も、性器を切られたりといった性被害に遭っています。

誕生の話で命の尊さ、自分の体の大切さを伝えることができていれば、次のような言葉も、抵抗なく、子どもの心にしみていくようになります。

「水着で隠れる部分はプライベートゾーンっていって、いくら好きな人にでも本当に自分の心がいいと言っているときしか、さわらせちゃいけないんだよ。知っている人でも、ここをさわられたら、大きな声で『いやだー！』って叫んで、すぐお母さんに伝えてね」

さらに、次のように話すこともできます。

「プライベートゾーンに許可なくさわるのは犯罪なんだよ。あなたに悲しい思いをさせないためにも、あなたとみんなを守るためにも、そういう人がウロウロしてますって、お母さんたちが警察や学校と連絡を取り合って捕まえるからね」

性の話をしていなくても、こうした話をすることはできます。そのことによって、警戒するようにもなるでしょう。ただ、犯罪の話だけクローズアップしてしまうと、「世の中は怖い、大人は疑うに値するものだ」といった感情ばかりが大きくなってしまう可能性があります。それは、大人、ひいては他人を無用にマイナスイメージでとらえる心を助長する危険性をもはらんでいます。

危険と安全との境界を認識するためには、安全なもの、愛すべきもの、尊いものを伝えることが大切です。

日頃から、いのちの話や、「あなたの体は大切で、人生の乗りものなんだよ」といった話を聞かせて、自尊感情を高めておいてあげられれば、それに反するものを感じることができます。

そして、自分の命は大切なもの、その大切な命を守るために「何かあったときは大人に言おう」というように思ってもらえるはずです。

もうひとつ、子どもたちが性被害に遭わないために大事なことは、ふだんからタッチコミュニケーションを怠らない、ということです。

タッチコミュニケーションについてはあとでくわしく触れますが、ふだんからしょっちゅうさわられて、「親からの豊かな愛のタッチというのはこういうものだな」と体が感じていれば、心を大切にされないさわられ方がいかに不快なものかがわかるセンサーを育ててあげられるのです。

「つ」がつくまでは膝の上

日本には、「つがつくまでは膝の上」という言葉があります。

1つ、2つ、3つ……と9つまではうんと膝の上に乗せてあげて、赤ちゃんと同じようにベタベタベタベタなでて、触れてあげようということです。

しょっちゅうなでて、さわって、スキンシップによって肌からも愛を伝えて、言葉以上に「自分は愛されている」と伝えてあげる。これが思春期になって、自分から上手に親の膝からおりていく、つまり自立をしていくことにつながります。まだ間に合います。今日からさっそく、触れる機会を増やしてみませんか?

よく「子どもというのは、3歳までに一生分の親孝行をしてしまう」と言います。思わず「わかるなー」って言いたくなるほど、3歳までの子どもは本当にかわいい。さわらせてもらっているだけで、愛情のバッテリーが充電されます。

5年生や6年生は、もう「つ」のつく年齢を超えていますが、それでも触れないよりいいです。一緒にお風呂に入ってる子だったら、受け入れてくれると思います。何歳まで一緒にお風呂に入るかは、家庭によってまちまちのようです。中には、中学生になってもお母さんと一緒に入る男の子もいると言いますから……。

「おかえりー。学校はどうだった?」と言いながら頬ずりしたり、「会いたかったよー」って言いながら抱きしめたり……。「ママ、おおげさなんじゃない?」というぐらいさわっていいんです。

「私が帰ってくると、ママはこんなに嬉しいんだ」と、子どもに感じてもらうこと。マイナスのストロークは一切必要ない。プラスのストロークだらけにしてあげるのです。

「家は帰っていくところなんだ。勉強ができるからとか、お友達と仲よくできるからとか、お習字で2級になったからとか、何かができるから愛されるんじゃなくて、何にもできなくても受けとめてもらえるところなんだ」ということを感じながら育った子どもは、思春期になれば、自分で上手に膝から降りていきます。

沖縄の育児に学ぶ

私は今、沖縄の出産・育児について調べていて、年に2回ほど沖縄に行きます。

それは、思春期までの子育てに、沖縄の育児がとても参考になるからです。

沖縄のお墓は、子宮の形をしているものが多いのです。亀甲墓《きっこうぼ》というもので、高さは1、2メートル、中には奥行きが5メートルほどの大きなものもあります。

横から見ると、妊婦のお腹の形そのものです。そのお墓の出口が産道に見立てられています。死んだらお母さんの子宮の中に帰っていくんだよっていう考え方なのだそうで、それを聞いてとても感動しました。

また沖縄は、子どもに対する母性と父性のエネルギーのバランスがとてもよいところでもあります。

宜野湾《ぎのわん》市のある保育園の園長先生は、「沖縄では、子どもはお父さんの膝の上にいればいるほど、上手にいい大人になるって言われているんだよ」と話してくださいました。だからこの地域の方々は、子どもを見れば膝の上に乗せろというふうに、お父さんたちに言うそうです。

そのせいか沖縄の人たちは、子どもを見たら「抱いたもの勝ち」みたいなところがあります。子連れで旅するなら、ぜひ沖縄に行ってみてください。町の食堂で子どもを抱えてご飯を食べていると、地元の見知らぬおばちゃんが、「ちょっと貸してー」って、子どもを抱いてくれたりします。

子どもを抱くと徳があがるなんていう邪念《じゃねん》からではなく、純粋に子どもを抱っこすると気持ちがいいという思いが強い。子どもたちといかに戯れたかというのが大人たちの自慢になる。心から楽しんでいらっしゃるのです。

そのうち他の人もやってきて、みんなで「この子、東京から来たんだって」なんてワーワー言いながら、アメフトのボールみたいにどんどんまわして抱っこしてくれました。

石垣島の市場に行ったときも、この「たらいまわし」にあって、市場の端から端まで、子どもが大玉転がしみたいに行ってしまうんじゃないかと思うほどでした。

最初はこういう雰囲気に慣れていないので、「そのうち車でどこかに連れていかれちゃうんじゃないか」って思うくらい驚きましたが、慣れるととても心地いい。沖縄に旅をするたびに心を洗われました。

沖縄は出生率も高く、5～6人産む人もざら。だけど離婚率も日本一で、20歳そこそこから子どもを産んで、パートナーチェンジが数回あるのも珍しくないそうです。地域全体が子ども好きで子どもを大事にしてくれるこの地なら、たとえ

1人親家庭でも、みんなで一緒に子育てしてくれるからかな、なんて思っています。

とにかく今では「大人はこうでなくっちゃ！」と、思っています。

第二次世界大戦後、沖縄の土地をまわり、精神疾患発生率について調べていたアメリカ人の精神科医、ジェイムス・クラーク・モローニー氏は、人々がとても明るいのでビックリしたそうです。悲惨な戦場になった歴史を経た後、沖縄の人々は自暴自棄に生きるのではなく、心の明るさをなんとか持ち直して生き抜こうとしていた、というのです。

その心の明るさの根底にあるものは、「ぬちどぅたから（命は宝）」ということ。父親と母親の膝の上に長くいることも、その心の根っこに影響を与えているのではないかと私は思っています。モローニー氏も、琉球の人々の心は彼らの子育てから来ているというようなことを論文に書かれたそうです。

男の親と女の親

沖縄の人は、父性と母性のバランスがいい、と言いました。これと関連するのですが、私は、「夫婦」から「両親」になった男女は、「父親」と「母親」としてその役割を分けるのではなく、「男の親」と「女の親」のチームととらえることが大事ではないかと思っています。

父親と母親、つまり父と母として別扱いにすると、どうしても父親が育児にタッチできる場面が少なくなってしまう。母親にしか子宮がない、母親にしか母乳が出せない……というように。そうなると、父親は遊び役か、思春期の子のカミナリ役ぐらいしかメインワークがなくなってしまうのではないでしょうか。

でも、男親と女親、つまり両方とも親、その一方が男で一方が女であるだけ、というふうに見方をちょっと変えると、赤ちゃんの頃から男親の役割はいっぱいあるんです。

赤ちゃんを抱っこしてあげるのもそうだし、これがタンポポの花だよなんて、世の中のことを教えるのも、お父さんでいいんです。じつは育児でも、母乳をあげること以外は、男親でもできます。スウェーデンでは、産後3週間は父親が有給休暇をとることが定められています。

「いやいや、父親は仕事をして1円でも多くの金を家庭に入れるのがいちばんの役割だ」というように、家庭に父親が不在だった高度経済成長期の名残は今でもあって、子どもが生まれて以降、お父さんの帰宅がどんどん遅くなっていく家庭も多く見られます。でもそんな「家庭機能不全」で熟年離婚が増えても、子どもは嬉しくないでしょう。

お父さんにも家庭での子育てを一緒に分かち合ってもらうには、夫婦の間の共通認識を変えていくしかありません。だって夫婦2人の子どもですから。そして、変えていくためのイニシアティブは、女性の側が握らないとまず成功しないように思います。

では、具体的にどうすればいいのでしょうか。

「あなた、ちょっと話があります！」なんて改まって議論をしてもダメでしょう。

それより、男親、女親というスタンスで、ふだんの生活のちょっとした機会に話しかけ、提案し、じわじわと彼の意識を変えていくほうが効果的。

たとえば新聞で思春期のことを扱っている記事をみつけたら、記事を渡しながら、「あなたは男親ならではのことを、子どもにいっぱい教えてね。私は女親として教えられることをいっぱい教えるから」というようなことを言ってみる。

一緒に料理番組を観ているとき、「これ作ってみようか」などと言って、タイミングを見計らって、お父さんにもキッチンに入ってもらって一緒に作ってみる。出来上がったら「すごい！　あなたって料理のセンスあるわね」とちゃんと誉めて、ついでに「男親も栄養のある料理ぐらいできないと、子どもも見てるしね」と言ったりして、少しずつお父さんの日常生活に、家庭のことを織り交ぜていくようにしてみてはどうでしょうか。

そういうふうに力と感性を合わせる男親と女親の姿は、子どもにもとてもいい影響を与えると思います。この人を男親に、この人を女親にと選んで生まれてきてくれた子こそ、わが子のはずですから。

II《パート》

初体験が早い子の共通点とは？

わが家の年長グループたちが中学2年生になると、まわりにセックスをしはじめるグループができました。うちでは性に関することもオープンに話すように意識して育ててきたつもりで、いろいろと報告してくれます。ある日のこと——。

「ママー！　大変。A子とB子がね、C先輩とエッチしちゃったんだって!!　だけどね、避妊してないんだって。コンドームちょうだい、渡すから!!」

えっ？　ウチの持ってくのー!?　とたじろいだりしながらも、とにかく見本に、と渡しました。それを友達にあげながら、「これで、ちゃんと避妊しなよ。赤ちゃんできることしてるんだから。なくなったら、次から自分で買うんだよ」と話したようです。

私は、そのグループの子たちを小学校に入ったときから知っていました。幼い頃から地域みんなの子として見守ってきた子が、性的経験を重ねはじめるのを見るのはとても複雑な心境です。なぜなら本当に相手の体や将来のことを考えての交際ではなく、望まない妊娠につながるような関係だったから。つまり悲しい未来に対して――です。同時に、どうしてそんな早くしちゃうのだろう、とも思わずにはいられませんでした。

じつは、性交開始の早い彼女たちには、共通点がありました。それは、夜ごはんを家で1人で食べている、ということ。『孤食』でした。

夕ごはんを囲む食卓というのは、ただ単に胃袋に食べ物を入れる場ではないはず。「今日は何があった？」という問いかけがあり、「こんなことがあったんだよ」とか「こんな日だったんだよ」という報告がある、その日1日にあった出来事を、それぞれが語り合う場でもあるのです。そして、そういう他愛ない会話によって、お腹だけでなく、心もいっぱいになるのです。

心ほぐれる家族と「おいしいね」と言い合いながら話をする――、それはとっても幸せなひとときです。体にも心にも栄養が注がれるような食卓。そこに並んでいるのがたとえ納豆とごはんだけだったとしても、こんな情景がある食卓は、豊かな食卓といえるのではないでしょうか。

でも、いま多くの家庭では食卓が崩壊しています。そしてそのことと、子どもの性の問題が、深くつながっているのです。このことは後でお話しします。

「感じる」食育 ❤

最近、「食育」という言葉がよく使われるようになりました。農林水産省も、しっかりと国民運動化計画を進めています。でも、「食育ってなんだろう？」と考えたとき、漠然としたイメージしか湧かないのではないでしょうか。現状を見ていると、言葉だけが一人歩きしている感があります。

食育の一環として、一部の学校などでは、小学校低学年の頃から、「小麦粉からうどんを作る」とか、「魚をおろす」といった体験をさせているようです。

体験というのは、そのとき五感で感知すること。子どもにとってとても大事なことですから、それはそれで、とても意義ある試みだと思います。でも私自身の反省も込めて、体験させるだけで満足してしまうという落とし穴にはまってしまわないよう、気をつけねばならないと思います。

かといって、考えさせ、注意を促すばかりの食育にも、あまり魅力を感じません。

バースコーディネーターというのは、命と深く関わる仕事ですから、ふだんから私は、自然食や安全な食を追求されている方々と接する機会がよくあります。理想を持って熱心に活動されている姿に感銘を受けることもしばしばです。

でもときどき、おっしゃっていることは正しいのに、なかなか仲間を増やせない方も見受けられます。どうしてかな？　と考えているうちに、その方たちの活動の出発点が、怒りのエネルギーだからではないかと思えてきました。

頭で考え、論理的にものごとを展開するのはもちろん大事なことですが、そのとき、「○○反対！」とか「○○は許せない！」といった怒りをエネルギー源としていると、ネットワーク活動は、怒っている人同士の間でしか広がっていかないのではないでしょうか。

もし、「こうすると、なんか楽しいよ」「こうすると、こんなふうに豊かになれるよ」「こうすると、もっともっと生きる力もついて嬉しいこともいっぱい起きるんだよ」というような、プラスの発想からの発信がどんどん出てくれば、共感する人は、うんと増えるような気がします。

このことは、家庭での食育にも通ずると思っています。

そういうわけで私は、「考えさせる」食育ではなく、「感じさせる」食育をモットーにしています。

❤ 私の失敗例から

食の安全を追求するのは大事なことですが、「考えさせる」ことに固執してしまうと、かえって伸びやかな展開を妨げることがあります。

たとえば子どもたちに、「この小麦は安全だからね」といったことばかり教えているとき、いつしか子どもは、ほんのちょっとだけ添加物が入っている普通の小麦粉を見ても、「それ毒だよ」とか言うようになります。

実際、私も失敗したことがあるのです。

一番上の子が6歳ごろ、私はこれも教育だと思って、お菓子をあげながら、「このクッキーはね、すごく遠くの自然の食べ物の専門店まで行って買ってきたのよ。農薬が全然使われていない材料で作られているんだよ」なんてことをよく言っていました。

できるだけ体によいものを、親がきちんとセレクトしてあげるということ自体はいいことだと思います。でも、私は伝え方を間違えていました。

こんな言い方をしていると、子どもは、「毒になる食べ物」と「毒じゃない食べ物」とに二極化してとらえてしまいます。友達が食べているものを見て「おまえの食ってるそれ、毒なんだぜ」なんて言うような子どもって、やっぱりあんまりよくないですよね。あるとき、長男がそんな意味あいのことを言っているのを聞いてハッとしました。

学校の給食だって、完全無農薬、無添加物なんてことはないでしょう。毒だとか毒じゃないとか、有害だとか無害だとかいうことは、大人が配慮してあげればいいこと。安全なもの、安心なものを食べようという消費者教育も大事だけれど、子どもたちへの食育はそれよりまず、生命教育なのだと気づいたのです。

食の生命教育とは、たとえば「私たちの体は食べ物でできているんだよ」「私たちの命は食べ物を食べることによって生かされるんだよ」といった、食べ物と命とのつながりを伝えることです。このほうが、子どもの心も体も、ずっと豊かになるように思いませんか？

最初の食べ物は母乳

ここでちょっと母乳の話をしておきたいと思います。お子さんはとっくに母乳の時期を過ぎているでしょうが、子どもが最初に口にする食べ物である母乳についてしっかり認識しておくことは、食育の第一歩だと思うからです。

それに、将来また出産することになるかもしれません。そのときのお役に立てば、という思いもあります。

みなさんは、どのくらいまで母乳をあげていたでしょうか。厚生労働省は、2002年から母子手帳の「1歳で断乳」という項目をはずし、1歳半を過ぎても母乳をたっぷりあげましょうと言っています。無理に乳離れすることはない、という見解です。

母乳は、栄養成分的に見て、赤ちゃんの体にいいというだけでなく、心と心をつなぐものとして大事な役割を果たしています。乳房は温かい皮膚。皮膚と皮膚がくっつくと、母子両方の脳にも、温かいものが伝わるのです。

生後10カ月から離乳食を食べはじめるんだからもう断乳、というように機械的に考える人も少なくありませんが、本当はそのあとも母乳をあげていいんです。

WHO（世界保健機関）では、2歳かそれ以上まであげましょうと言っています。

2歳以上まで母乳を飲む権利があるのだから、その権利を大人の都合で短くしてはいけない、と。

ユニセフとWHOは「母乳育児推進のための10ヶ条」という提言をしていて、これを推奨する病院を「ベビーフレンドリーホスピタル」と言い、ベビーフレンドリーホスピタル憲章というものを制定しています。日本ではまだ25カ所ほどですが、徐々に増えています。

これらの病院では、退院時の母乳率が90％以上だといいます。退院するまでに、母乳サポートサークルの案内をするなど、さまざまな活動をなさっている成果でしょう。

東京・広尾にある日赤医療センターもそのひとつです。ここで誕生する年間約2000人の赤ちゃんは、2歳かそれ以上まで母乳をあげるよう病院側がイニシアチブをとって指導しています。

ユニセフとWHOは、2年は無理でも、なんとか最低半年間は完全母乳をあげましょうと勧告を出しています。平均すると最初の半年間は、まだ歯が生えてきません。歯が生えてくるのは、胃腸に母乳以外のものを噛んで吸収する準備ができましたよというサイン。逆に言えば、それまでは吸収できないということですから、赤ちゃんの胃腸にもっとも優しい母乳をあげようというわけです。

生後6カ月以前の歯も生えてない頃から、果汁とか重湯とか味噌汁など、母乳以外のものをあげるお母さんがいますが、赤ちゃんの胃腸は、まだ母乳以外を消化吸収して成分調節する機能ができていないのですから、本来は必要ないものです。

ところで、母乳と粉ミルクの違いはご存じでしょうか。

母親の食べた物が血液になり、その一部が母乳になります。粉ミルクの場合は牛の母乳が元になっています。元をただせば牛の血液ということになります。

もし、牛ではなく、アザラシの「アザラシ乳」が人間の赤ちゃん用の粉ミルクになったら、大変なことになります。アザラシのお母さんは2週間ほどで授乳期間を終えます。その2週間で、アザラシの母親は体重が50キロも減るそうです。極寒の北極の海を泳いで生きるアザラシは、とても脂肪分の多い母乳を与えます。そうしないと赤ちゃんが生き抜いていけないからです。その脂肪分の多い乳を作るために、ものすごいエネルギーを消耗するから、体重がみるみる減っていくのです。これをアザラシ以外の動物が飲んだら、明らかに脂肪過多です。

このように母乳は、その生き物の特性に合うようにうまくできています。アザラシの赤ちゃんにはアザラシの母乳がいちばん、牛の赤ちゃんには牛の母乳がいちばん、そして人の赤ちゃんには、やっぱり人の母乳がいちばんなんです。

実際、粉ミルクと人の母乳を比較してみると、アルファ・リノレン酸（体内に吸収されると良質な脂肪酸に代わり、余分な油分を分解する。アレルギーの抑制の働きもあると言われている）など、母乳にしか含まれない成分もあります。

だからといって粉ミルクで育った子どもが不幸だと言っているわけではありません。中にはどうしても母乳が出ないお母さんもいます。その場合は、次のベストの選択として、粉ミルクを飲ませるということでいいのです。

ただ、母乳育児支援の世界的組織「国際認定ラクテーションコンサルタント協会」などによると、本当に母乳が出ない人は、2万人に1人という説もあります。

この数字と、日本での母乳と粉ミルクとの比率はずいぶんかけ離れています。

粉ミルクを選択している人の中には、病院のシステムが母子別室になっていたから母乳をあげられず、退院後も粉ミルクになってしまった人もいるでしょう。これは病院のシステムに原因があります。

問題だな、と思うのは、ただ安易に「粉ミルクのほうが誰でも授乳できて楽だから」とか「科学的に作られた粉ミルクのほうが栄養バランスがいいから」と誤った理由で母乳をあげていない方々です。

粉ミルクのほうが優れていると思ってしまうのは、企業の宣伝方法のせいでもあります。WHOは、ビジネスで人の母乳より粉ミルクが優れているというマーケティングをしてはいけないとしています。

また、ノルウェー、スウェーデン、デンマークの北欧3カ国では、粉ミルクのポスターは1枚もありません。国民にも、粉ミルクは、どうしても母乳の出ないときの「薬」として認識されているからです。

このように多くの先進国には、赤ちゃんに飲ませるのは、その赤ちゃんの細胞分裂や、胃腸の出来や、すべてを担った母体から生まれたオーダーメイドフードである母乳に勝るものはない、という考え方が根づいています。

その点、日本はまだ制度も意識も遅れているのが現状です。社会全体が命に優しい育児のセンスを高めるためにも、母親だけでなく、みんながもっと母乳のことを知っておくことはとても大事だと思います。

「いただきます」を見直すことから

「食による生命教育」のもうひとつの基本は、なんといっても「いただきます」です。

わが家では、ごはんを食べる前に、「いただきます」というのはもちろん、そのとき必ず手を合わせて合掌《がっしょう》するようにしています。

この命を私たちの体に入れさせていただきます。

そして、自分の命を生かさせていただきます。

これを略して「いただきます」になったそうです。言葉は省略しても、感謝の気持ちはそのままに――。だから合掌しています。

このことは、子どもたちにも話して聞かせています。

「私たちの体は、食べ物でできているんだよ」

「○○ちゃんは、食べ物を食べないと生きていけないんだよ」

といったことから始まり、「食べ物はすべて、もともとは生きていたんだよ」という話につなげていきます。

牛乳は、牛の母乳、卵はニワトリの卵子、魚の卵は魚の卵子です。それらは受精卵かもしれない。すべての食べ物はもともと生きていたもの――、それをしっかり感じてもらいます。そして、

「生き物を食べさせていただく、命を食べさせていただいて、私たちの命を生かしていただくんだよ。だから手を合わせて『いただきます』と言ってから食べようね」

と続くのです。今でも、ことあるごとに繰り返しています。

食べながら性教育!?

こういうことをふだんから話していると、性の話も食卓でとても自然にできたりします。

「卵はニワトリさんの卵子なんだよね」って言っても、少しも不自然じゃないのです。

そもそも、初潮の話程度しかしてもらえなかった私たちの世代は、「卵子と精子」と聞いただけでドキドキしたりしますが、今は小学4年生の理科の授業で、命の始まりにかかわる物質についてちゃんと習います。

だから子どもが「卵子と精子のこと習ったー！」なんて大声で言いながら帰ってきた日の食卓は、いのちの話をする大チャンスです。ささっと卵焼きや目玉焼きを作って出しましょう。

「ニワトリの卵って、お父さんの精子とお母さんの卵子が出会ってできたなら、ヒヨコちゃんになるんだよね」

「この卵を産んだニワトリさんは、どんな暮らしをしていたのかな」

「今日は自然食のお店で買った卵だから、ちゃんと餌にも気をつけてもらってる卵だね。この卵の命をいただいて、私たちが今日おいしい卵焼きを食べられるのはうれしいよね」

そんなことを食べながら話している間、子どもはうんうんと聞いています。

「私たち、幸せだよね」なんて締めくくるころには、首を縦にちゃんと振っています。

もともと命のあったものを口から入れさせていただいて、自分たちが生かされていくんだということを感じてもらう。単純なことですが、それこそが食育のベースではないでしょうか。

これなくして、幼い子に考えさせるだけの、消費者教育としての食育をしても、結局のところ、悪者探し、敵探しをするだけだったりします。ご存じのように、子どもは悪者探しが大好きです。「警ドロ」や「鬼ごっこ」もそうですけど、誰かを悪者にするのが好きなんです。

だから、問題意識を持って論理的な思考ができる以前の幼い時期に、悪者探しを助長するような伝え方をすると、せっかくの食育が、違う方向にいってしまいます。

敵探しではなくて、みんなで健康で素敵に、体を大事にしようよというメッセージを。そこから「じゃあ食生活を大事にしよう」という感情が自然に湧くような観点で語っていきましょう。

さて、ニワトリの卵子と精子の話ができれば、そこからヒトの話へもつなげていけます。

人間も、お母さんの体の中の赤ちゃんタマゴ、つまり卵子と、お父さんの体の中の赤ちゃんタマゴ、すなわち精子が出会うことによって、新しい命が始まります。子どもにとっては、タンポポの種も、卵子も変わらないんです。朝顔の受粉も人間の受精も同じように受けとめられるのです。

感謝して食べ物をいただく。命は命からできていく――。ここを基本にすると、たおやかに柔らかに、いのちの話も性の話も展開できると思います。

日常会話にさりげなく

わが家では、性に関する話が食卓で飛び出すこともしばしばです。

ある日、当時中学2年生だった娘が、「卵巣から排卵された卵子って、どうやって卵管に運ぶの？」と聞いてきました。

なかなか鋭い質問です。卵巣と卵管とはたしかにくっついていません。図鑑などで絵を見ても、卵巣から出てきた卵子が、離れている卵管にどうやって入っていくのかわかりにくい。

そこで私はその辺にある紙に絵を描きながら説明していきます。

「うん、あれ面白いんだよ。卵巣がこうあるでしょ。で、ここに卵管があるでしょ。卵管の先って、こんなふうに手のような形してるよね。これのこと卵管采《らんかんさい》って言うんだけど、これがね、この辺から、ほっと卵子をキャッチして、あとは卵管にあるすごい細い毛が、大玉転がしみたいに運んでくれるんだよー」

話しているうちに、「だから、あれ、くっついてないんだぁ！」なんて高校生の息子も話題に入ってくるんです。

小さい頃から、食後の団らんで、ごく普通に「卵子がさー」とか「卵子と精子が出会うと赤ちゃん卵になって、それが人間になるって不思議だよね」とか「赤ちゃん卵って、たった0.1ミリなんだよ」なんてことを話していると、17歳になった男子でも、平気で入ってくるんです。

高校生の息子の前でも、月経の話も普通にします。うちだけが特別なのではありません。9歳までに、こういう話をしておけば、どの家庭でも、性の話は恥ずかしいことでもい

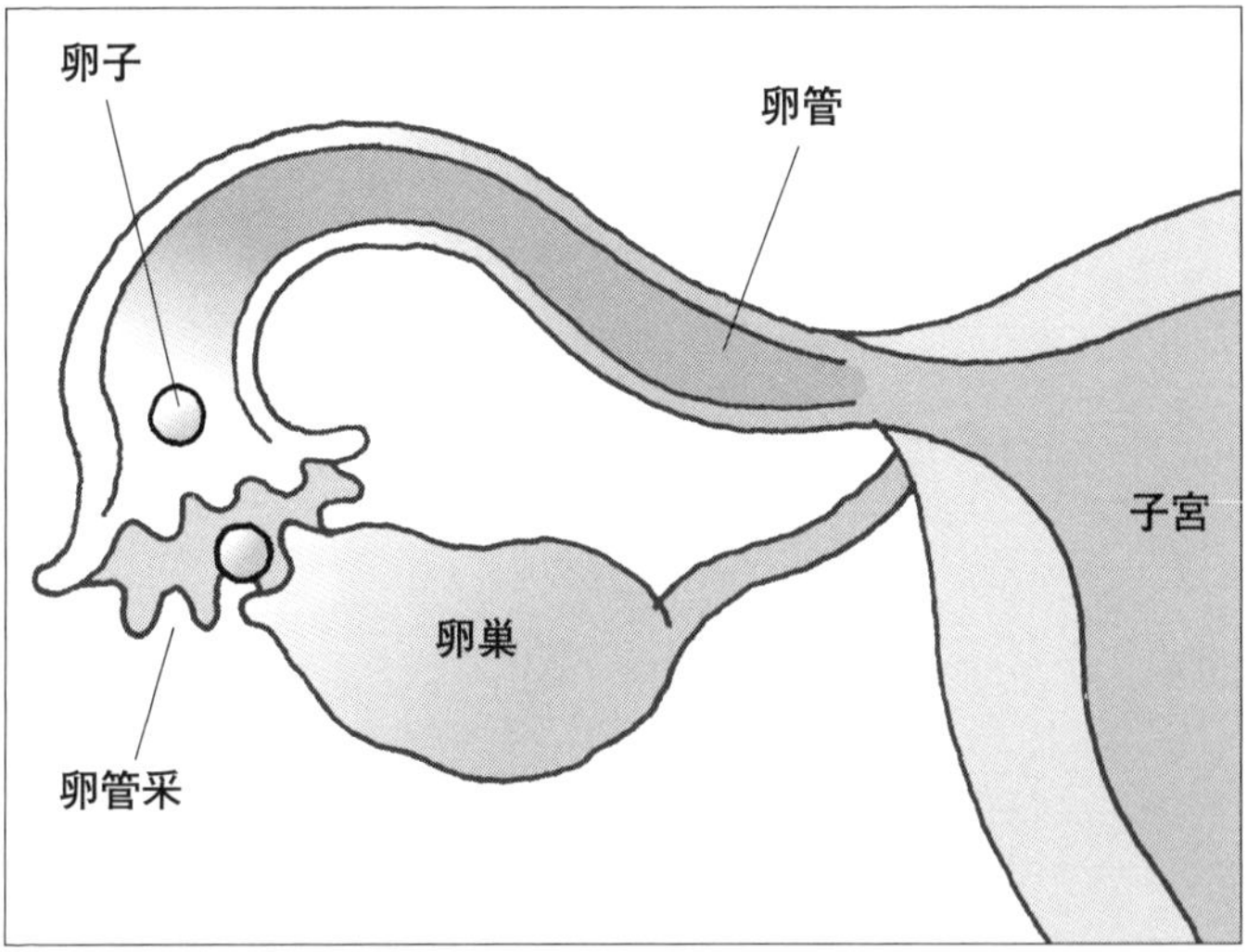

やらしいことでもなく、親子で一緒に語り合える話題になることでしょう。

❤感動の「ところてん」

のびやかな食育をしている家庭におじゃまするとと、ちょっと感動すら覚えます。遊びがてら、あるご家庭を訪問したときがそうでした。

そこには、小学校3年生と、幼稚園の年長さんの2人の男の子がいるのですが、用事で訪ねたとき、お兄ちゃんのほうが「おばちゃん、ところてん食べる？」って持ってきてくれたんです。その子がちゃんと、タッパーから出してブロックを包丁で切って……。それがすごくおいしかった。

「おいしいねえ」と言うと、「これ、ボクが天草《てんぐさ》ゆがいて作ったんだ」ってちょっと自慢げに言うではありませんか。すごい！　私はわざわざ天草からところてんを作ったことなんてありません。

聞いてみると、学校で「天草をゆでるとところてんができる」ということを習った彼は、お母さんに「テングサ買ってくれ、テングサ買ってくれ」とねだったのだそうです。お母さんは、それでわざわざデパートまで一緒に行って、保存剤の入っていない無添加の天草を買って帰って、一緒にゆでて、一緒にところてんを作ったのでした。

それを私に食べてもらって、「おいしいねえ」という幸せな気分を分かち合うことができたんですね。

ステキな食育ができている家庭は、子どもが食べてもらう人の気持ちよさまで考えているんだなって感じました。なぜなら、そのところてんには、ゴマもノリもふってあったから。おまけにちょっと辛子もついていて、器まで気を使ってくれていたから。

私は家でところてんを食べるとき、セットでついているときは別として、そうでないときはわざわざ薬味まで用意などしません。だから余計に感動したのです。

私たち大人も、食べてくれる人への思いやりまで含めた食育をしていきたいですね。

家族で食卓を囲めない時代に

ここまで、食卓の重要性を話してきましたが、現実は家族で食卓を囲むことが難しくなりつつあります。

子どもたちは、学校から帰ってくると夜まで塾に行き、お父さんは会社で残業続き。たまに早く終わっても、まっすぐ帰らず赤提灯に寄ったりします。夕食は、それぞれバラバラというのが珍しくなくなりました。2004年1月7日の読売新聞では、1週間に一度も家族と夕食を食べない中学生が20%を超えているという記事も載っていました。

子どもが大きくなるほど、この傾向は強まります。

わが家の長男は、高校2年になってから、毎日午後7時半まで学校にいます。週に2日はゼミ、別の2日は部活、週に一度は美術の先生にデッサンの手ほどきをしてもらっている。計5日、つまり平日すべて、学校を出るのが午後7時半、帰宅するのは午後9時過ぎです。

彼が帰ってくる頃には、ほかの家族の食事はもう終わっています。なにしろ下のヒナたちは、6時半ごろからもう「お腹すいたあ〜っ！」とピーピー鳴き、パニック状態になりますから、とてもそれまで待てません。

そうなると、週末の土日だけがチャンス。無理やりでも家庭の食卓をクリエイションしないと、わが家の食卓は消滅状態になってしまいます。その無理やりだって、主人の出張が入ったり、私の講演が入ったりすると、毎週とはいかなかったりします。

息子は今17歳。ふと、この子とは15年ほどしか家族みんなでごはんを食べなかったんだなあ……と思ったりします。大学生になったら、土日の夕食でさえ揃わなくなるでしょう。

みなさんのお子さんも、いずれ似たような状況になることと思います。そう考えると、子どもが小さい頃の食卓を、もっと大切にしたくなりませんか？　大げさに考えないでもいいのです。少しだけ、食卓をクリエイションすることを意識してみませんか。

おたくの食卓の「周波数」は？

「食卓で満たされるのは胃袋だけではない」ということ、少しは感じていただけたでしょうか。

実際、色も香りも形も味もないけれど、食卓で得られるバッテリーチャージというものが、子どもたちにあるように思えてなりません。

以前テレビで、何十人もの人が手をつないで、静電気を一瞬にして伝えるという実験をしていましたが、電気だけじゃなく、私たち人間の脳から出ている周波数も、お互いに影響を与え合っています。

「アルファ波」というのは、ご存じの方も多いでしょう。座禅や書道や茶道などに集中しているとき、あるいはリラックスしているときなどに、脳から、このアルファ波が出ると言われています。

そのとき人は芯からリラックスして、相手に邪念なく思いやりを発揮できるそうです。私たち親自身が幸せだなあと満たされているときは、私たちから発せられるアルファ波によって、子どもたちをも心地よくさせることができるのです。

私は、かれこれ10年近くベビーマッサージを教えていて、保健師さんたちの研修の講師などもしています。その一方で、東京電機大学の育児工学の博士とベビーマッサージの効果も検証しているのですが、その調査でさまざまなことがわかってきました。

たとえば赤ちゃんを育てている母親の脳波を調べると、母乳をあげているときやベビーマッサージをしているときには、アルファ波が出ている。さらに、母乳を与えているときよりベビーマッサージをしているときのほうがアルファ波が多く出ているという結果が出ました。

子育てのあらゆる場面で、子どもを思いやるとき、いい周波数が出ているということが、科学的にも証明されつつあります。

働くお母さんがたくさんいて、毎晩料理を作るのが大変なのは、私もよくわかっています。私自身、まさにそうですから。

でも、子どもたちが喜ぶようにと、思いやりのこもった料理を作ると、それが子どもたちにちゃんとわかるというのは事実でしょう。凝ったメニューである必要はないのです。子どもたちの大好きなハンバーグを時間をかけて手作りするのも、もちろん素晴らしいことですが、時間がないなら、サツマイモをふかしたのでもいいです。

肝心なことは、お母さんが「さあ、めしあがれ」と、子どもを思う気持ちで作ること。「ボクたち私たちが喜ぶようにとお母さんが作ってくれたんだ」という「食べ物のオーラ」を、子どもたちはすぐ見抜きます。先日、小6の次女にいわれました。「ママの手作りごはんだと、出てる光があたたかいんだよね」と。

「愛してるよ」と言いながら作ると……

私は、家のごはん作りでも、お弁当づくりでも、「愛してるよ」ってしゃべりそうなものを作りましょうと言っています。

どうすればそんな料理ができるか？　とても簡単なことです。作りながら、ただ子どもや夫に対して「愛してるよ」という思いを込めればいいだけです。

インドのアーユルヴェーダという5000年の歴史を持つ伝承医学体系では、「一家の主婦は、悪想念を感じているときは台所に立ってはいけない」という教えがあります。

たとえばお弁当のごはんでも、お弁当箱にポーンと何げなくよそっただけより、「これで何とかお腹が持ちますように」と思って作ったおにぎりのほうが、実際腹持ちがいいんです。

「コンビニ弁当」でも、ごはんはごはんです。でも買ってきてポンでは、そこに思いを込められません。それに比べて家で作った料理は、どんなに簡単なものでも、塩加減や煮る時間をみながら「こっちのほうが喜んでくれるかな？」などと考える瞬間があります。そのとき、食べる人への愛がこもるのです。

「思いやり」には色も香りも形も味もないけれど、それがたっぷりこもったごはんが並んだ食卓は、子どもたちの心を満たす気配があふれます。

食卓の気配は、子どもの生育歴にも影響します。親が作ってくれた食卓が、温かかったものとして残るか、あるいは「いつもコンビニ弁当だったな」「ピザ、ラーメン、ピザ、ラーメンだったな」というふうにインプットされるかで、その子の心の豊かさに、違いが生じてくるのです。

またそれは、将来その子が親になったときの食卓作りにも影響するでしょう。つまり私たちの作る食卓は、孫たちの世代の食育にも無縁ではないということです。次世代へ「食」や「いのち」や「性」のことを伝達するというのは、親の大切な役割のひとつですが、それは子どもたちを座らせて1時間説明をして考えさせるといったものではありません。生活のごく基本的なことのひとつである毎日の食卓から伝えられる、食卓のあり方に左右されるメッセージです。

1時間の説教より、毎日の食卓。ここで子どもたちの感性が養われるということを、もっと大事に考えてみたいですね。

そのためにも、子どもは気配が読める、そういうセンサーを持っていることを忘れてはならないと思います。

脳と皮膚は同じ細胞からできている

公私ともに長年ベビーマッサージをしていると、感動的な場面にも遭遇《そうぐう》します。

たとえば、「あなたたちのママがあなたをいつもさわってくれるママになるといいねー」と思いを込めて赤ちゃんに話しながらマッサージすると、その赤ちゃんが私のほうをジーッと見るんです。本当にずうーっと私の目を見ています。

お母さんたちに指導をするときは、マッサージをしている間「自分の声に色がついている」ように、また「目線にも、手のぬくもりにも、色がついている」ようにイメージするようにと言っています。

「手が懐中電灯になったかのようにイメージしてください。その手からすごくきれいなピンクゴールドの光を出して、赤ちゃんの60兆個の細胞に届けます。赤ちゃんが『光をもらってすごく嬉しい』『タッチしてもらって嬉しい』と感じとってくれるような光が出ているイメージでさわりましょうね」というように——。

これは、気休めではありません。

脳と皮膚は、外胚葉《がいはいよう》由来の同じ細胞からできています。受精卵から内胚葉、そして中胚葉、外胚葉ができていくのですが、脳も皮膚も、脊髄《せきずい》も、その外胚葉からできていくのです。だから「愛してるよ、愛してるよ」と思いを込めてベビーマッサージすることは、皮膚を通して「愛された、たっぷり触れてもらった乳幼児時代」というシワを脳に刻むことになります。

声にも色がついていて、目線にも色がついていて、手から出る光にも色がついていて、赤ちゃんはその色を見分けることができる——。お母さんがすごくリラックスして、「あなたがこの元気な体で人生をまっとうできますように」と願いを込めてさわっていると、赤ちゃんの自然治癒能力《しぜんちゆのうりょく》は本当に活性化するし、免疫《めんえき》力《りょく》も上がります。

お母さんたちにこんな話をしても、最初は半信半疑です。でも、いざそんなイメージを抱いて赤ちゃんをマッサージすると、赤ちゃんがそれまでとは違う表情でじっと見るので、お母さんたちも「本当だあ」って感激します。

みなさんが作る食卓も、同じことではないでしょうか。

「さあ今日も1日学校で楽しく過ごせたかな。1日の終わりに、楽しかったことをお話してちょうだい。そしてまた明日も元気でがんばろうっていうエネルギーを体に入れてちょうだいね」ってしゃべりそうな食卓にしてしまいましょう。思いのこもったベビーマッサージを受けた赤ちゃんのように、子どもたちもきっと、その気配を感じとります。「ワーッ」って……。

「豪華な外食」より「ささやかな手作り」

私は、とりたてて料理が得意なわけではありません。でも手作りでささっと簡単なおやつなどを作ると、どんなものでも、子どもたちは大喜びしてくれます。それを見るたびに、子どもは手作りが好きなんだなあとつくづく思います。

先日、クレープメーカーを買いました。クレープはどの子も好物なので、それまでもちょくちょく作っていたのですが、フライパンだとすぐ焦げたり、生焼けだったりして、意外に温度調整が難しいんですよね。

クレープメーカーというのは、ホットプレートみたいなものですが、すぐにきれいに焼けるので、わが家では大ヒット。手作りといっても、私はこれを次々と焼くだけです。はさむものはそのときの気分、あるいは家にあるものを適当に。子どもたちは納豆をはさんだりもします。

それだけのことなんですが、原宿のクレープ屋台に並ぶより嬉しいみたいです。「わーい、手作りだ、手作りだ」って。その過程がごちそうなんですね。そんな様子を日々目《ま》のあたりにしているので、仕事で帰りが遅くなるときも、できるだけ前の晩や、その日の朝や昼の空き時間に、ささっと何かしら手作りのものを用意して出かけるようにしています。

フルタイムで働いているお母さんなどは、「もちろん手料理を食べさせたい。だけど時間がないから仕方ない」と反論なさるかもしれません。よくわかります。外で全力を出しきって、へとへとになって帰ってきたら、お母さんといえども一人の人間、休みたいですよね。私もひんぱんにあります。そういうお母さんを責めるつもりはまったくありません。

何度も言うように、毎日手の込んだお料理を並べなければならないということではないのです。味噌汁に冷蔵庫にあるものをどんどん入れて、ごはんと具だくさんの味噌汁だけっていう日があったっていいし、外で買ったお総菜を温めなおしてお皿に盛ることがあってもいい。

ただ5人の子育てをしてみて、「基本は家で作る」と決めてしまえば、この不器用な私でも、時間のやりくりの仕方が飲み込めてきて、案外ラクに作れることを知りました。それに経済的なのはもちろん、体にもいいから、子どもだけでなく自分も疲れにくくなる……など、うれしいことのほうが多いように思うのです。

何より、そういう食卓が根づいてくると、子どもたちも手伝ってくれるようになります。わが家の高1の娘は、最近ちょこちょこと料理を作るようになってきました。やっぱり手作りの料理のほうがいい、という感性の持ち主になっているんです。

私が疲れきって「ああ、今日は○○のお総菜買ってきて」なんて言うと、「いよママ、私が作るよ」とか言ってくれるようになりました。そんなお姉ちゃんを見て、下の子たちも同じように続いています。頼もしいかぎりです。

日々のちょっとした「気配作り」で、子どもたちの生きる力の根っこが確実にできていくんだなあと実感しています。

生きる力を育ててあげるということ

子どもが手伝いをよくするのは、幼い頃から子どもにもバンバン家事をさせて、それを生活の一部だと思うように育ててきたからでもあります。

どの子にも、ことあるごとに、「ひとつでも多くのことができる大人は生きる力があるよ。ごはん作れる大人、ごはん作れない大人、あんたはどっちになりたい？」と言ってきました。

生きる力の基本は、なんといっても「食事が作れる」ということでしょう。わが家では、小学生になったら、「お米研《と》ぎデビュー」です。

台所に立って、食材を実際に見て触れさせながら料理を作る過程では、作り方だけでなく、「サラダも作ろうね」などと言いながら、栄養バランスも考えられるように気をつけています。

買い物にも一緒に行って、鮮度に気をつけるとか、輸入物かどうか見るといったことも教えます。玉ねぎを選びながら、「国内の玉ねぎは腐るけど、輸入の玉ねぎは腐らないんだよねー。腐るっていうのは生きてる証拠なんだよ。腐らないような食べ物を選んじゃダメだよ。賞味期限短いのを選ぼうね」とか。

台所に置いているうちに芽が出てきたりしたら、すぐ捨てるのではなく、「これはいい土でいい生き方してきた玉ねぎだから、ちゃんと芽が出るんだね」って言ってみたり……。

とりたてて「食育」の時間なんてとらなくても、この程度だったら家事の合間にできますし、日常生活の中で教えたほうが、子どももわかりやすいし興味も持つ。母もラクで子どもも楽しむと一石二鳥です。

こうした感性で生きていく力があるということ、それが食事を作れるっていうことだと思います。そこから料理だけでなく、お風呂洗い当番をさせたり、他の家事も分担させて、「こういうのが自立できるっていうことだよ」と伝えています。「将来あなたも家族を持ちたかったら、ひとつでも多くのことができる大人になりなよ」と。

子どもの頃からいろんなことを自分でできるようにしながら、一方で愛情をいっぱい注ぐ――子どもの生きる力を育てるには、この二本柱がポイントだと思います。

❤ いま、子どもたちが食べているもの

ところで、みなさんはよそのご家庭の子どもたちの食生活が気になったことはありませんか？

残念ながら、子どもたちをとりまく食環境は、悪くなる一方です。小学校高学年から中学生くらいになると、塾やクラブで忙しくなります。帰りが遅くなると、育ち盛りの子どもたちは、空腹のあまり帰り道で間食してしまいます。そうなると、家のごはんはあまり食べられなくなる……。

親の帰りを家で待っている子どもたちの食生活も似たような状況です。夕ごはんまで待てなくて、つい5時くらいにスナック菓子をワーッと食べてしまう。つ

いでにコーラなんかも一緒に……。小学校4年生以上になると、ポテトチップスを1袋くらい平気で食べてしまいます。

スナック菓子は、たいてい高カロリーですから、それでお腹が膨らんでしまって、肝心の夕ごはんのときには、「お腹いっぱいだからいらない」と食べない。そのうちお風呂に入って寝てしまうというような子も増えています。

2003年に、長崎大学の教授、中村修氏が、福岡県大野城市の小学校6年生に、自分の家の朝食と夕食の食卓をカメラで撮影してきてもらうという宿題を出しました。

その結果カメラには、「食卓の崩壊」の現実が、はっきり収められました。

もちろん、毎食手料理が並んでいる食卓もありましたが、ある子どもの1週間の食卓は「冷凍ピザ、カップラーメン、冷凍ピザ、カップラーメン、冷凍ピザ、カップラーメン……」の繰り返しでした。別の子の食卓は、1日おきに出来あいのお総菜、さらにある子の食卓には「親が置いていった千円札が1枚」だけだったり、製薬会社が製造する栄養補助食品のクッキーだけだったり……。何も写っていない食卓もありました。

もう自分で買い物に行けるから千円札を置いておく――。たしかに買うことはできるでしょう。でもそれで満たされるのは胃袋だけです。食卓で満たされるのはそれだけじゃない、とお伝えしました。その部分はまったく無視されているわけです。

また親の中には、栄養補助食品を「進んだ宇宙食」みたいな感覚で肯定的に捉えている方もいますが、これは大きな誤解だと思います。

カロリーバランスはとれていても、賞味期限が3年、つまり数年前に穫れた作物の粉からできている食品で、子どもたちはどうやって「命を生かさせていただきます」と実感することができるのでしょう。たまになら、それもアリかもしれません。でも日常化するのは、やはり避けてあげたい。

こうした食卓に慣らされていくと、子どもたち自身に「食卓を求める」というセンスがなくなっていきます。これも目には見えませんが、その子の人生を長いスパンで考えたとき、本当はとっても怖いことではないかと思います。

「食卓」と「子どもの性」の関係

さて、ここで再び食卓と子どもの性の関係の話です。

先にご紹介した「崩壊した食卓」では、「今日1日のあなたの学校生活やお友達との生活はどうだった？」「今日は体育もやったしクラブもやったから疲れたかな？」「さあ、今日のごはんはこれだよ。おいしいよ」「明日の体のためにも一緒に食べようね」というようなメッセージはゼロです。

つまり、食卓で子どもたちが、「自分は愛されている」とか「自分は配慮されている」とか「自分は想いを向けられている」といったことを感じる機会がない、ということです。さらに言えば、自分が生かされているとか、自分が愛されているといったことを実感できる貴重な場を奪われているということです。

お腹がペコペコっていうより、心がペコペコなんです。

大人でも、食事のおいしさって、「何を」食べるかじゃなくて、「誰と」食べるかではないですか？　一緒に食べて、安全や安心や自由を満喫して明日への活力を得るのが家庭ですよね。なのに、そこがガサガサでペコペコだったら、子どもは何で埋めるか？

夜、1人で買ってきたごはんを食べているときに、エッチをしたい盛りの高校生の先輩なんかに「出てこない？」と呼び出される。「家に誰もいないの？」「○○公園でたむろってるから出てくれば？」。そのとき「心がペコペコ」の子はぐらつきます。そして公園に行ってしまいます。

親たちは、中学生ともなれば1人で留守番できると思い込んでいる。留守番はできるでしょう。でも問題はそこではないのです。

もちろん、女子ばかりではありません。わが家の娘のまわりで起きている状況を見ていると、早くから性的なアプローチをしてくる男子たちも、やっぱりそのほとんどが、家で1人で夕飯を食べているのです。

ティーンエージャーといえども、まだ子どもなのです。人間の子どもは、大人になるのに20年かかります。子育てを大学卒業までと考えれば22歳まで、結婚するまでと考えれば30歳ぐらいまでかかる。

なのに中学生に対して、「お留守番できる＝大人」という間違った方程式で夜ひとりぼっちにすると、その子は、「寂しいな」という思いを蓄積していくことになります。

「おいしいものを食べて、明日のエネルギーをチャージしようね」といった場を共有していないと、その子が意識するしないにかかわらず、心のどこかで親から想われていないという意識が芽生え、育つ。負のメッセージをどんどん体に蓄積していって……。それが、「誰かに包まれたい、温かいものに触れたい」という性的エネルギーに変わったとして、誰がこの子を責められるでしょうか。

これは大人の問題です。子どもの性問題は、大人の心の貧困さの鏡です。

愛されたいから、いかに愛されているかを確認するために、性の方向へ行くのです。

中学生になると、夜出歩いて、妊娠の可能性があることをしている女の子もいます。ある小学校の校庭で朝一番に掃除する職員の方が、一番多いゴミが使用済みのコンドームだと語っていました。

手作りの夜ごはんの用意されていないティーンエージャーが求めるのは、温かい人肌、あるいはその気配です。それがいちばん直裁《ちょくさい》に、愛されてるかもしれないと実感できる行為だからです。

家庭で誰もみつめてくれる人がいない、誰も自分に心を込めて食事を作ってくれる人がいない。じゃあ誰にみつめてもらおうか、誰にさわってもらおうか——短期集中で愛されていると錯覚できるのが性。だから性のほうに行くのです。

人間以外のほ乳類は、生殖のとき以外は交尾をしません。でも人間はコミュニケーションとして、一緒に生きていくエネルギーの交歓《こうかん》として性行為をします。思春期の子どもだって、例外ではありません。

「好きだよ、好きだよ」と抱きしめてくれる先輩が、自分と過ごしてくれる。夜、肌が重なると心が重なっているように感じるのでしょう。下着を脱いで赤ちゃんができるようなことをしているのがいいことかわからないけれど、そっちのほうが、夜1人で、ごはんも用意されていないような家でテレビを見て過ごすよりも愛を感じるのでしょう。愛のようなものを——。

家庭でバッテリーチャージ！

２００２年の東京都幼小中高心障性教育研究会の調査では、日本の中学3年生の女子では、9.1％ほどが性体験を済ませているといいます。また、各種のデータを総合すると、初体験以降、日常的にセックスをしていることがうかがわれます。約10人に1人がセックスをしはじめ、生活の中にセックスがあるのです。

それが高校3年生の女子になると、42％になります。夜の外出を許しているか、または昼間、家族がいない家で、子どもたちは性生活を行っているのです。

こういう状況の中で、「自分の人生は親に愛されているから、望まぬ妊娠をして親を悲しませるようなことをしたくない」という思いが、歯止めになります。

私は『命を授かり育む喜び』という女子高校生向けの性教育の本を著したことがあります。その関係もあって、２００３年に「子ども家庭総合事業」という厚生労働省の事業に関わりました。

具体的には、「親子のコミュニケーションスキル向上に関する研究」の検討委員を務めたのですが、この委員会活動を通して、さまざまな基礎データに接することができ、親子の対話と性の密接な関係を再認識することになりました。

そんな中、日本人のバースコントロールのリーダーシップを発揮してきた社団法人家族計画協会が、２００３年の３月に行ったある調査の結果が、発表されました。16～49歳の男女３０００人に対して性に関する意識と行動について聞き、１５７２人から得た回答をまとめたものです。

この結果はその後、２００３年６月13日付の毎日新聞にも掲載されましたので、ご存じの方もいるかもしれません。

新聞には、「親子の対話が歯止めに」という見出しがつけられていましたが、思春期の子どものうち、どのようなものであれ、親との間に会話があったという子たちは、親との会話がほとんどない子どもと比べて、最初の性交渉年齢が遅いことがわかりました。

また、最初のセックスからちゃんと避妊を実行した子も、会話がある家庭の子のほうが多いという数字も出ました。つまり彼らは、望まぬ妊娠を避ける力というのを得ていた、そういう感性を得ていたということでしょう。

ちなみにこの調査は、厚生労働省助成研究事業として家族計画協会クリニックが行ったものです。未成年も社会人も、望まない時期に望まない子どもを迎えても愛情深い育児は難しい。だから何とか避妊などの知識を得てもらいたいと活動している、その一環の調査です。

15〜16歳頃は、ちょうど思春期です。この時期の子は、家では1日に一言も話さなかったりします。親との会話を「うざい」などと言います。ときには、「うるせえババア！」なんて言葉も飛び出します。それでもなんだかんだと子に話しかけていれば、子のほうも「まあ、なんか気にかけてくれてるな」と認識してくれているのでしょう。

わが家の息子も、中学2年生のころは、「ごはんよ」と声をかけても無言でした。「お腹、空いた？」と聞くと、返事は「ビミョー」。「ごはんだから早く来なさい！」って言うと、今度は「ムリ」。口を開けばビミョーとムリばっかり。「お腹空いてないの？」「試験できたの？」、何を聞いても「ビミョー」か「ムリ」しか言わないので、一時は息子のことを「ビミョー星人」って呼んでいました。

でも、そんなときでも親があえていっぱい話しかけたらいいのです。子どもはべつに嫌がりません。嫌がるとしたら、それは「あんた何やってんの！」といつも怒ったり干渉したりして、攻撃口調や命令口調になっているからではないでしょうか。

たとえば食卓での「どう、これ食べない？」「試験どうだった？」「最近、部活どうなの？」「体育着出した？」といった話しかけなら、ちょっとはうるさそうにするかもしれませんが、嫌がる子はあまりいません。

何を聞いてもろくな反応をしないかもしれませんが、それでも食卓でなんらかの話題を展開することって、私たちが考えている以上に大切な意味があるのです。日々のほんの小さなことですが、それこそが大事だったりします。

思春期の子は、大人ぶった生意気な発言や態度も出てきて、頭を抱えることもしばしばです。でもこの頃の子どもたちも、親から巣立つにはまだまだ時間がかかる。だから、「あなたはティーンエージャーで反抗期だけど、私たちはあなたの人生を応援するよ」「困ったときは全面的に助けるから、私たちに言いなよ」という親としての気配は、男親も女親も家庭の中で常に漂わせておくことが大事です。

気配――、気配り、ムードですね。1日の終わりには「お疲れさん」と言って気配で癒してあげること。

心理学の世界では、この時期を「親に反発して、親の許せる部分と許せない部分を分別して大人になっていく時期」とし、「親殺し」の時代と言います。

精神的に親殺しをして、親を超えていく――それが10代の仕事です。親からの話しかけによって、自分は大事にされてるんだな、自分は愛されているんだなと感じながら、思春期の階段を上がって大人になっていける子は、自分が好きになった相手のことも大事にできるようになります。

この本を読んでいる方のお子さんは、まだ幼いでしょう。思春期のことなんて、ずっと先だと思うかもしれません。でも、性の話だけでなく、日常会話も、ティーンエージャーになってから急に話しかけるなんてことはできません。今のうちからとにかく話しかける、何でもいいから――。

「あなたのことを考えるのが好きだよ光線」をいつも浴びせてください。そして、「あなたがおいしいと思うごはんを作るのは嬉しいよ光線」いっぱいの食卓を用意してあげてください。

食卓力のつけかた ❤

笑みがこぼれるあたたかい食卓にするには、いくつか演出のコツがあります。それらを知って、ぜひ「食卓力」を身につけてください。なにしろ「食卓力」は、「生命力」に直結していますから。

演出というと、どういう食器をどう配置するかといったテーブルコーディネートを思い浮かべるかもしれません。たしかにそれも楽しいことですが、他のポイントにも目配りしていきましょう。

そのいちばんのポイントは「五感に訴える」です。五感とは、香り（嗅覚）、色や明かり（視覚）、タッチ（触覚）、音あるいは音楽（聴覚）、そして料理（味覚）。

じつは家で料理して、そのあとわいわいしゃべりながら食べている家庭は、自動的にこのほとんどを満たしています。

台所から、フライパンで何かを焼くジューッというおいしそうな「音」、それとともに漂う「香り」、食卓に並んだ「色」とりどりの「料理」、そしてそれを舌で味わいながら、「すごいねえ」なんて会話しながら体に「タッチ」、というように――。

だから、難しく考える必要はないのです。これに加えてお皿やテーブルクロスを工夫してみるとか、たまには音楽をかけてみるとか、ダイニングの照明を温かい色に変えてみるといったプラスアルファがあれば、いつもの食卓が、さらにグンと輝くでしょう。ちなみにわが家では、子育て18年間、食卓では会話を重視するため、テレビは一切つけていません。

もうひとつ、食卓へ向かう前の、子どもの気持ちを盛り上げるコミュニケーション術も、知っておくといいですよ。

同じように「何が食べたい？」と聞くのでも、「今日何が食べたい？　好きな物作ってあげるよ」と言うのと、「今日何が食べたい？　お母さん考えるのもうメンドーだから」と言うのとでは全然違いますよね。

実際には、考えるのが面倒だから聞くときでも、子どもの心が浮き立つような話しかけ方をするようにしてみてください。

各地の講演会で、こうした話をお母さんたちにすると、「こんな簡単なことでいいんですね、がんばります」っていうアンケートの回答をいただいたりします。

でも本当に、こんな簡単なことから、子どもの食、そして性を守れるのです。

夜、一緒にいられないなら……

では、仕事の関係で、お父さんもお母さんも夕ごはんどきに子どもと一緒にいてあげられない家庭は、どうすればいいでしょうか。

まず検討してほしいのは、親以外の大人の存在です。夜、その子のそばに、その子の未来を応援する、その子の成長を心から楽しみにするまなざしを向ける大人にいてもらうことはできないでしょうか。毎日が無理なら何日かおきでも。いつもいないよりはずっとましです。

親戚でもいいし、近所のおばちゃんでもいい。親しいお友達の家でも、もちろんいいのです。子どもがまずその方たちのところに帰るようにして、そこに親が迎えに行くのだっていいでしょう。

それもどうしても無理ならば、せめてあなたの愛の気配を食卓に残すようにしましょう。

千円札やカップ麺、栄養補助食品のクッキー類の代わりに、炊飯器に温かいごはん、それに手料理を用意しておく。そして、テーブルに何か一言メッセージを残していく、とか。

会社からこまめに電話して、温かい声の交信をするのもステキなことです。1分でもいいのです。どんなに仕事で取り込み中でも、それぐらいはできるような気がしませんか？　携帯メールっていう手もありますね。

とにかく、「お母さんは、いま仕事であなたと一緒にいられないけど、いつでもあなたのことを想っているよ」ということを、形で示してあげることです。そんなの子どもはわかってくれている、と思うのは間違いです。

ご主人との関係を思い出してください。日本の男性は、愛の言葉を妻に向けるのが苦手です。そういう言葉を催促しても「そんなこと、いちいち言わなくても」などと言ったりします。でも、妻としてはどうですか？　愛の言葉だったら、わかっていてもなお聞きたいものではないでしょうか。きっと子どもも同じです。

それから、電話やメールをするときは、その会話の中身もちょっと心配りしてみましょう。せっかく電話をしても、受話器を通して伝える言葉が「○○しちゃダメよ」とか「○○済ませたの？」といったものばかりだと、子どもは、愛情ではなく、不信から監視のために電話しているのではないかと受けとりかねません。

戸締まりや火の元の確認などはいいとしても、その他は「ごはん、おいしかった？」「今日は何があった？」など、本来食卓で交わすような心なごむ言葉のやりとりをしたいものですね。

III《パート》

こんなとき どう話す？ Q&A集

Q1 私たちも性教育を受けなくて、問題なかった。だから、あえて話さなくてもいいのでは……

これは、よくあるお母さんの反応です。「私たちも性教育を受けずに初潮教育だけを受けてきたけど、望まない妊娠をしたわけでもないし、大丈夫じゃない？」といった具合です。

でも現実は、ちょっと違います。今は、私たちが子どものときと比べると、何百倍もの性情報があふれています。一説には、一世代前の600倍の情報量とか。

それは、コンビニをちょっとのぞくだけでもわかっていただけるのではないでしょうか。雑誌の販売コーナーを、一度ざっと眺めてみてください。

その約3分の1は巨乳のグラビアで、アイドルが表紙を飾っています。一部の本は、中を開けないようにしてありますが、そうでないものもたくさんあります。

それらはすべて、子どもたちも目にすることができるわけです。

スウェーデンやノルウェーといった北欧諸国では、セクシーなビジュアルは、子どもたちの目の前に一切出さないことになってます。アメリカでも、インターネット上での性のサイトは、18歳以上しかアクセスできないように法制化が整っています。でも、この国ではまだそういう規制はありません。

ようやく2003年9月に、「インターネット異性紹介事業を利用して児童を誘引する行為の規制等に関する法律」というものが定められ、18歳未満の女子が誘う行為をした場合、未成年でも処罰の対象になることになりました。

安易に自分の性を商品化する女の子たちの側も制御しなくてはいけないという考えは一理あると思いますから、一歩進んできているなとは思います。

小学校6年生くらいから、男女ともに異性に興味を持つ――そのこと自体は、ほ乳類としては普通なのですから、今後の私たち大人の課題は、そのエネルギーの持っていき方をどうしてあげられるか、ということでしょう。

Q2 わざわざ親が教えなくても、自然に知る。それでいいんじゃないですか？

これも、よく聞かれる質問です。「性の話を親が子にことさらしなくてもいいのではないですか？　だって私たちだって親に聞かなかったけど、自然に知っていったし……」というわけです。

たしかにそうでした。親の私たちの時代は、せいぜい女子だけ別室に呼ばれて初潮の話を聞いた程度です。

その説明のときだって、生理のしくみと名称を聞いただけで、それに何の意味があるのか、どうして自分の体を大事にしなくてはならないのかというような、心や感情につながる話は全くされなかったのではないでしょうか。

だから、その話を聞いたところで「私の体を一生大切にしよう」などとは思わなかったでしょう。

どうして、こんな話しか聞かなかったのでしょう。社会学者・三浦展氏の『家族と幸福の戦後史――郊外の夢と現実』（講談社現代新書）によると、戦後の国の政策と無縁ではないとあります。

戦後、政府は大量の専業主婦を誕生させました。専業主婦が一定の数を占めるようになったのは、日本の長い歴史から見ても、ほんの少し前のことです。ざっくり言うと昭和30年代の高度経済成長期、ちょうど私たちの親世代頃ではないでしょうか。

専業主婦の役割は、国の成長を担っている企業戦士を支えること。そのために家で家庭を守ることとされました。そのような役割をきちんと果たす女性を数多く生み出すためには、夫唱婦随《ふしょうふずい》の精神を育てることも必要です。人生の伴侶以外の男性と深く関わることは、国民の家庭の安泰のために避けるようにと考えられました。

そういう国策のもと、文部科学省、当時の文部省は、「純潔教育」という名称で性教育を推進していきました。

要するに、企業戦士の子どもを産んで家庭を守ってもらうために、何人もの男性を知って結婚するのではなく、1人の男性に出会って結婚して子育てするのが女の理想、という考えを普及していったとのことです。

一夫一婦制や、誠実な性のパートナーシップを築く男女関係、夫婦の貞操観念《ていそうかんねん》を大切にするという考え方は大賛成です。しかしそれによって、私たちの親の世代や私たちの世代までは、性のことを人前で口にするなんて「はしたない」こととして、タブー視される風潮がはびこってしまいました。そうして「豊かな性は豊かな命とつながっている」という大事なことをきちんと伝えることが隅に追いやられてしまったのです。

私が学校で保護者の方たちに性教育の話をするときは、事前に何か質問があれば、という意味でアンケートをとります。すると、みなさん正直にいろいろ書いてくださいます。

中には「うちはセックスレスなので、絶対に性教育はできません」というようなものもあります。

夫婦のセクシャリティが不安定だから子どもに性の話ができない、という呪縛《じゅばく》があるお母さんは、他にもけっこういらっしゃいます。正直ないいお母さんなんだな、と思います。でも、ご夫婦の関係が春夏秋冬でいう「冬の時期」でも、子どもが将来、性感染症にかかるということから守ってあげなくてはいけないのではないでしょうか。

自分たちがセックスレスだとか、夫に愛人がいるのが発覚したとか、いろいろなお母さんがいらっしゃって、悩んでる方もいっぱいいらっしゃいますが、だからといって性教育ができないとか、性と命の話ができないというのとはイコールではないことをわかってもらえたらと思います。

そういうときは、ウソをつくのではなく、率直に、でも暗くなるのではない話し方をすればいいのだと思います。たとえばこんなふうに……。

「お父さんとお母さんも、まだあと40～50年は一緒に生きていくの。大人にも未来があるってこと。大人だって完璧な人間じゃないから、あと何十年もかけて成長していくんだよ。だからお父さんとお母さんも、意見がぶつかっちゃうときとか、話し合いがうまく終わらないときもいっぱいあるの。お父さんとお母さんの仲のよさにも、春夏秋冬と季節のようなものがあるのよ」

「じゃあ、うちのお父さんとお母さん冬だあ！」なんて言われちゃうかもしれません。そうしたら、あわてたりしないで、「春があったからみんなが生まれたんだよね。お母さんとお父さんにもまた春がくるから、ちょっと見守っててね」って言うと、子どもたちにも伝わります。「そういえば、仲がいいときもあるから、たぶんまた晴れてくるんだろうな」というように。子どもも、ちゃんと大人の背中を見てくれているんです。

夫婦の間が「冬」の時期にあっても、子どもたちは、２人の間の子だけではなく、みんなの子でもあるってことを思い出してください。この子たちは、未来の日本の子どもたちの命の器になるんです。男の子も女の子も、望まぬ妊娠や性感染症を避けながら、20代、30代になっていってほしい。みんなで力を与え合って助け合えればと思います。

Q3 息子の友達のお兄ちゃんが、アダルトビデオを見ているらしいんです。まだ中1なのに……

親はまだまだ子どもだから、と思ってしまいがちですが、性への関心は小学校高学年から急速に高まります。そのお子さんが特別にませているというわけではないでしょう。

ある地域では、小学校6年生の男子たちの「アダルトビデオ鑑賞会」がみつかりました。親のいない時間をねらって友達の1人の家に集まって見ていたんですね。ひょんなことからそれが「発覚」したのですが、気づかないだけで、実際にはよくあることなのかもしれません。

これを知ったとき、私はこの「事件」でいちばんかわいそうなのは、自分のビデオをみんなに見られちゃった、その家のお父さんだと思いました。お父さんの「趣味」が、子どもたちにシェアされてしまうわけですからね。「ちゃんとそういうビデオは奥にしまっておいてくださいね」なんて、お母さんたちにもよくお話しますが、半分は子どものため、半分はお父さんのためって心の中で思っています。

話を戻しましょう。6年生ともなると、精通のある子もいますし、性毛が生えてきている子もかなりいます。性に興味を持つのは、とてもナチュラルな発達とも言えるわけです。

だから、もしそんなことがあっても「なんでこんなものに興味持ってるの！」なんて怒るほうが間違い。性的なものに関心が高まることは、体の発達上、正常なプロセスです。

こういうときは、「女性の体は命を育む才能があるから、大切に考えるのよ」くらいは言ってもいいのではないでしょうか。あるいは、「大人の世界の商品だから、本当の愛情ある行為とは違う表現が多いのよ」とか。

子どもは、きちんとした規制に安心するといいます。最初から、目の前に出さないようにすることこそが大事なんですね。

Q4 うちの息子、まだ小学校4年生なのにもう精通が始まったみたいで、正直あわてています。

発達には当然のことながら個性があります。それは、想像しているよりかなりの差だったりします。だから2年生なのにとか、中学生なのにとか、平均的な数字で見るんじゃなくて、その子自身を、1人ひとりを見てあげればいいんです。

男の子は16歳頃までに精通があるというのが平均的ですが、ご質問の方とは反対に、中3でまだ140センチ台という子もいます。そういう子は、精通が始まるのもちょっと後になりますが、少しも神経質になることはありません。

兄弟でも違いますね。うちの子どもたちも、それぞれ違います。同じ私から生まれた子でも、こんなに違うんだなあと思って見ています。1本の桜でも、先に咲いた花のあとに咲く花もある。それと同じでしょう。「体時計の命の数字は、みんな違う」と見守るのは、子どもを安心させる大人の大事なセンスです。

Q5 男の子と女の子では、成長の仕方が、やっぱりいろいろ違うのでしょうか?

先の質問での答えのように、お子さんによってかなり個人差がありますが、男の子と女の子とで比べてみると、女の子のほうが、だいたい2年ほど成長が早いようです。

初潮の平均年齢は12歳。13歳くらいでほとんどの子に生理が始まります。でも15歳でも、約15%の子がまだです。私は15歳。すごく遅いグループでした。

身長が止まってから初潮になるというパターンが多いのですが、私は中学1年生のとき145センチしかありませんでした。中2で155センチ、中3で165センチとぐんぐん伸びてから初潮を迎えたのです。

娘も周囲でどんどん初潮が訪れると、自分にも本当に来るのか、と心配していたことがありました。そのとき私は「5年生ぐらいでもう初潮があった子は、それからあまり身長が伸びていないことが多いでしょ？　子宮は、身長が伸びきって、少し脂肪がついたら成熟してくるから、身長が止まるまではならないんだよ」と説明してあげたのですが、そうしたら安心したようです。

女子に比べると、男子は、もう少しのんびりしています。でも男の子は中2くらいからターボエンジンがかかって、ぐっと母親との距離があいてきます。

わが家では、9歳くらいから、「将来お父さんになれるよっていう練習が始まるのよ。精子製造工場の練習だよ。それが小学校の終わりから中学校の前半ぐらいまでにみんなあるっていうからさ、まあビックリしないことよ」なんて言っていました。

そう言っておくだけでも、「ああ、お母さんはボクたち子どもの体のしくみを、大人として知ってるんだな」って思って安心するはずです。

さらに15歳くらいになったら、「赤ちゃんできるようなことしちゃダメよ」としょっちゅうジャブを出しています。

そうして育てた長男が高校1年生だったある日、面白いことがありました。

その日、いつもより帰りが遅くなった息子から電話がかかってきたのですが、電話のむこうで息子は、「めっちゃやべえ話なんだよ！　めっちゃやべえ話なんだよ！　これから帰るから、怒らないで。友達のやっべえ話してて遅くなったから」と焦りまくっている。その様子に私もビックリして、帰宅後、「何？　誰かが妊娠してカンパでも集めてるの？」と聞いてみたのですが、「そんなハードな話じゃないよ～、お母さん！」って言われてしまいました。友達が親子でけんかして悩んでるっていう話でホッとしました。

そういう会話ができる親子に、と意識して育ててきたので、「妊娠してしまった事件とかある？」とよく尋ねています。答えはＮＯ。

「オレのまわりの友達には、そんなことまだまだ先だよー」

「そう、急ぐことじゃないからね」

などとしょっちゅう会話しています。

Q6　女親は、どうも男の子には性の話がしにくい。どうすればいいでしょう。

お母さんがたから、「性のことは男の子のほうが話しにくい」という声、よく聞きます。でも、男親も女親も、男児にも女児にも話せるというのが理想です。

性に関する発達は、男の子のほうが女の子より遅いけれど、中3くらいになると、いろんなことがあります。スタートがかかると、親との距離をどんどんあけますから、その前に話すのが肝心です。

まず9歳までに、サラッと「ペニスという名前があるよ」「ペニスからは精液っていうものが出るようになるんだよ。その中には、小さな小さな命のもとの卵が入っているんだよ」といったことを話しましょう。お風呂に一緒に入ったときなどがいいかもしれませんね。「性器をよく洗いなさい」とか言いつつ。

そして次に「いのちの話」を。「女の人には『いのちの道』があって、そこから男の人の精液の中にある命の卵を届けると、女の人の中にある命の卵とくっついて新しい命が始まるんだよ。それが育って赤ちゃんになって出てくるんだよ」というように――。本書の巻末についている絵本も活用してください。

さらに、思春期前の頃になったら、「これから大きくなると、体が新しい命を始めようとして、女の人の『いのちの道』に入りたいと思うようになるんだけど、大人になって、ちゃんと赤ちゃんを自分で育てられるようになるまでは、赤ちゃんができないようにしないといけないんだよ」といった話をしていきましょう。

性感染症の話をすることもできます。

「エイズっていうの知ってる？　聞いたことあるでしょう？　性感染症っていう病気があって、たった1回だけ、大好きな男の子と女の子が性器と性器をくっつけただけでも、そういう病気になることがあるのよ。だから、本当にこの人と心と体を重ねたいなと思ったときは、性感染症のこととか一緒に話し合える人がいいね。愛し合っていれば話し合えるよ。話し合えない人とは心が重ならないんだから、体を重ねなくていいのよ」

と言っておくと、細部はわからないかもしれませんが、男の子でもこちらが伝えたいことの本質はきちんとわかってくれます。

私の息子は、女友達が家に遊びに来ると、「お母さんアレアレ、アレ渡したら？」と言います。「アレ」というのは、私が書いた女子中学生向けの『命を授かり育む喜び』という本のことです。子宮のしくみとか、赤ちゃんの生まれるしくみとか、女性の体のしくみとかが書いてあります。息子は、私の書いたものは全部読んでいますから、もちろんこの本の内容もわかったうえで言っています。

次世代の人たち同士で正しい情報交換が広がる様子を、頼もしく感じます。

Q7 小学校3年生の娘に、そろそろ生理の話を、と思うのですが、気をつけることはありますか。

女の子に月経の話をするときは、命は大事、という大前提がお互いの中に必要です。「あなたの体の中でも、命の素の卵が、いつか赤ちゃんになりたいなって1個1個生まれる練習が始まるのよ。それが月経とか生理というものなんだよ」と語りましょう。

お産と同じく生理の話も、大人がそれをどういうふうに伝えるかは、その子の将来に大きく影響します。たとえば、私は妊症前の方たちのための教室も開いているのですが、参加者の中でとても重い生理痛に悩んでいる人は、昔、お母さんに初めて生理がきたと言ったとき、「あら、あんたもいやなもの始まっちゃったのね」といった言われ方をした人が多いのです。

「うわあ、面倒くさいねえ。これから毎月大変だねえ」と言われた人もいました。

そうすると、子どもは「いやなもの」が始まったんだと認識します。それ以降、毎月毎月いやなことを迎える、という気持ちになるのです。

このときもし、「赤ちゃん卵が生まれる練習を始めたんだね。毎月小さなお産をする大切な体だね」と言われたらどうでしょう。そうか、毎月の生理は大事なことなんだな、と思えるはずです。尊い命の誕生と大きく関わった現象なのですから、大人たちがちょっと工夫して、ロマンティックに語っていきましょう。

本来日本人は、性や命をとても大事にする民族だと思います。たとえば日本には数え年がありますね。西洋では1歳というのは生後1年経ったという意味ですが、日本の数え年では0歳児のことを数え年で1歳と言います。

首のすわってないフニャフニャの2カ月児でも1歳というのは、まだ生まれる前、お腹にいるときから命が始まっているとして計算するからでしょう。お腹の中に1年間いたから、生まれたときにはもう1歳。

ちょっとステキな考え方だと思いませんか？　こんな感性をこれからも受け継いでいきたいものです。

Q8 性のこともその他の子育ても、母親にばっかり責任を負わすのって、おかしいと思いませんか?

子育ては、男の親と女の親、両方でするものです。ご質問のとおり、母親だけにすべてを負わせるのは間違っていると思います。

でもそれとはべつに、子どもにとっては、母親の生き方がとても大きく影響しているということも、事実として認識しておきたいですね。

ある国立大学の付属中高一貫校に取材に伺ったとき、長く校長をされていた先生が、「お母さんのセクシャリティセンスが娘に影響する」という見解を述べておられました。

たとえば母親と父親の関係が難しくても、命を生みだす性の先輩である母親が「今はお父さんとお母さんは冬だけど、がんばってまた次の春が来るようにするからね」と、子どもに不安を与えずに、安全、安心、自由を与えてあげられるような肯定的な姿で生きていたら、その背中を見て、子どもたちは生き方を学ぶのだと思います。

子どもたちは、ちゃんと両親の夫婦のあり方を男女のあり方として見ている。そして自分の異性へのセンスを形成していくのです。

だから、子どもの前ではお父さんの悪口を言わないほうがいいのです。とくに男の子の前では。

子どもは、母親を女性のサンプルとして見ますから、お母さんがお父さんの悪口を言うと、将来、自分の妻に悪口を言われるのではないかと統合できなくなる——心理学の世界では、こういうことも言われています。

Q9 しょっちゅう夫婦げんかをしているので、性の話をしてもウソっぽく思われそうです……。

子どもにパートナーの悪口は言わないほうがいいと思いますが、「仮面夫婦」をしろというのではありません。どこの夫婦だって、大げんかのひとつやふたつするでしょう。まったく違う環境で育った人間が、40年も50年もひとつ屋根の下に暮らしていたら、けんかぐらいするに決まっています。

ときにはそれを子どもに見られることだってあります。それは仕方のないことです。ただ、そのあとのフォローが肝心なんだと思います。

「ごめんね。お父さんとお母さんが熱論交わしてたから、見ていて恐かったでしょ。でも大丈夫。ちょっと大事な話だったから、お互いの意見をぶつけちゃったけど、もう大丈夫だから安心してよ」とひとこと言うだけで、子どもは安心できます。親も子も、ともに自尊感情を高めながら暮らす、一緒に成長しているんだっていうことを親子が感じ合いながら生きていければ素晴らしいですね。

考えてみれば、子どもはほんの30年ほど後輩なだけ。人生80年として、子どもが10歳ならあと70年生きる。親だってあと40～50年生きるんです。大人も子どもも、家族で一緒に成長していくんだというスタンスでいいのではないでしょうか。お互いが幸福になるように――。

親が子どもに一方的に注ぐだけでは、親の根っこがカラカラに枯れてしまいます。私たち親もつらいことが生じないわけがない。子どもたちにありのまま見せても、あとでちょっとフォローすればいいのです。「ごめんね、今お母さんはこんなふうにつらいんだ。心配しちゃったね。でも大丈夫」と。子どもは親がつらそうにしているとき、「お母さんかわいそう」って思ってくれるものです。「ごめんね、泣いちゃって。ビックリしたでしょう。でも大丈夫。ありがとう、見守ってくれて」と言えば、子どもも「ああよかった。お母さんに幸せになってほしい」と思うでしょう。もちろんお父さんにも幸せになってほしいと思うんですけどね。

Q10 昔みたいに「赤ちゃんはコウノトリが運んでくる」と教えてはいけないのでしょうか。

約85％の子どもは、５歳までに素朴な疑問として、「赤ちゃんって、どうやって生まれてくるの？」「赤ちゃんは、どうやってお腹の中に入ってくるの？」といったことを聞いてくるといいます。

その最初に聞いてきたときの対応が、本当はとても大切なのです。もう5歳を過ぎてしまっている人もいるかもしれませんが、ぜひ知っておいてください。

このとき親は「正しく、ロマンティックに、本当のこと」を教えてあげるといいのです。よくある「コウノトリが運んできたのよ」なんていうのはよくない。小学生に「いのちの話」をしたあとの感想文で、「うちのお父さんは、コウノトリが運んできたなんていうありえないことを言っていました」というのがありました。まさに「ありえな～い」の世界。子どもはわかるんです。ウソをつかれている、と。

いまどき「コウノトリ説」はもう未熟ですし、何より、そういう答え方をされると、「これって聞いちゃいけないことなんだな」と子どもは思います。せっかくのチャンスを、こういう形で終わらせてしまうのはとても残念です。

親に聞いちゃいけないんだと思った子どもは、それでも好奇心は続行していますから、別の性の情報が先に入ってしまうことになります。ちまたには、そういう情報があふれています。電話ボックスなんかには「デリバリーヘルス」などの水着の女性の写真などがベタベタ貼ってあります。子どもの目にも当然入ります。うちの子どもも集めてました。「これは水着のお姉ちゃんたち、これは制服のお姉ちゃんたち」って。ブロマイドだと思って。

子どもたちが素朴に、赤ちゃんはどうやってできるのか、おっぱいはどうしてふくらむのかと聞いたとき、親が恥ずかしそうに、困った顔してうつむいたり、「コウノトリよ」とか「そんなのは中学生になったら教えるから」とか言ってお茶を濁さないことです。そうするから、これは聞いてはいけないんだなと受けとめて、今度は外から情報を得ようとして、コンビニエンスストアで巨乳のグラビアアイドルの雑誌を見たり、通学途中の電話ボックスの貼り紙を見つけたりするのです。

もう少し大きくなって、学校でパソコンの使い方を教えてもらったら、今度はインターネットが待っています。そこにはいくらでも性に関するサイトがあります。子どもたちが、好奇心のままに、インターネットの検索で「セックス」なんて入力したら、ダーッて風俗の情報が出てきます。

そして結局、そういう風俗情報から「商品としての性」の情報を得て、それがその子の性の価値観に影響してくるようになります。人権や自尊心、命の尊厳などと最も離れたところから性に入っていくことになるのです。そのあとに、おもむろに「自分のことを守る」なんて話を伝えるのは、とても難しいことです。

最初に聞いてきたときに、ごまかしたり、ウソをついたりすることは、「それは大切なことではない」というメッセージになることを、よく意識しておいてほしいと思います。

Q11 赤ちゃんが産まれるときの話をするとき、「しくみ」以外に伝えなくてはならないことは？

受精から出産までの流れを伝えることも、もちろん大事ですが、それだけでは理科の授業と変わりません。私たちがそれを子どもに伝えるのは、命の素晴らしさと尊さを、「あなたが大切よ」という想いを、実感してもらいたいからです。

そのためにはまず、その子自身の命が、ただそのままで、いかに素晴らしいものかをわかってもらうことです。だから出産の話をするときには、赤ちゃんの頃から、その子がどれだけもともと持っている自分の力を発揮していたかを、しっかり伝えましょう。

たとえば「お腹の中にいたときは指をしゃぶって、おっぱいを吸う練習を一生懸命してたんだよ。おしっこを自分で作って出して、おしっこ飲んで出してって練習してたんだよ。でもうんちはちゃんと止めてたんだよ。うんちすると羊水《ようすい》が汚れてしまうから、うんちは生まれてからしようって自分で止めてたんだよ。それで顎《あご》をグッと引いて、頭の骨を小さく重ね合わせて、お母さんの産道をいちばんくぐりやすいようにって、頭の先をとがらせて進んでくるのよ。みんなこれ自分でやったんだよ。すごい才能だね！」というように、です。

実際、赤ちゃんの顎は、胸から5ミリでも浮いているとうまく産道に入ってこられないんです。だから赤ちゃんはピタッと顎をひいています。そういう動きができるようになっているから、生まれたての子は首が柔らかい、つまり首がすわってないいんですね。

それから、もしできるなら、本当の赤ちゃんと少しでもいいから接する機会があるといいですね。今は少子化が進んで、兄弟がいない子も多いですから。

私が小学校で子どもたちに話すときも、「生まれたての赤ちゃん見たことある？」と聞くと、ほとんどの子が「なーい」って答えます。

その時間には、ちょうど「産まれるよ」っていうときのシーンを収めたビデオを見せるのですが、赤ちゃんが3カ月になったところで終わるので、本物の3カ月の赤ちゃんを連れていくこともあります。そして子どもたちにも抱かせたりします。すると男の子も女の子も、頬を紅潮させて「わー、ボクもこんなに小さかったの？」なんて聞いてきます。

「そうよこんなに小さかったのよ。足なんか9センチよ。あなた今、足のサイズ何センチ？」

「21センチ！」

こんな会話がどんどん広がります。その過程で、手のひらを広げて大きさを比べたりもしながら、成長の軌跡というものを五感で感じてくれているのです。

小学校の低学年で、「私の歴史」といった生活科の授業があります。自分が生まれたとき、お母さんとお父さんがどういうふうにして名前をつけたかインタビューするとか。私はそれをビジュアルで体験してもらっているようなものですが、各ご家庭でもやってみると、子どもへのとてもステキな時間をプレゼントできると思います。

Q12 「お母さんには、どうしておちんちんがないの?」って聞かれました。どう答えましょう。

「お母さんにはおっぱいがあるけど、どうしてお父さんにはないの?」「お父さんにはおちんちんあるけど、なんでお母さんにはないの?」……。こんなことを聞かれたことがある方もいるでしょう。

赤ちゃんのことを話すときのことは、すでに紹介しましたね。

「お母さんの体の中には赤ちゃんタマゴがあって、お父さんの体にも赤ちゃんタマゴがあるんだよ。お母さんの体の中にある『いのちの道』にお父さんの赤ちゃんタマゴの命のもとを運んでもらうの。その2つのタマゴがくっついて、大きくなって赤ちゃんになるんだよ」

こんな話の流れの中で、「お父さんにはおちんちんあるけど、なんでお母さんにはないの?」という疑問にも答えられるでしょう。

「男の人についているおちんちんはペニスっていうの。それはお父さんがお母さんの『いのちの道』に卵を運ぶための橋にもなるんだよ。だからお父さんだけにおちんちんがあるの。女の人には男の人みたいなおちんちんはないけど、おしっこの道と、うんちの道と、いのちの道と、3つの道がお腹の中から外につながっているのよ」

——というように。

お母さんの中には、「お尻の穴から生まれたのよ」って説明される方がいますが、「穴」とは言わないでくださいね。そう言うと、男の子は「えーっ！　ボクってウンコと同じだったのー」ってビックリしたりしますから。

それに穴っていうと、お産は汚いものって思われがちです。鼻の穴みたいに命の穴って言うんじゃなくて、ここでは「道」と言いましょう。それだけで、セックスがとても伝えやすくなります。

女の子には、

「これはとても大事な道だから、心も体も好きだなと思う人ができたら、本当に自分の『いのちの道』に、命の素を届けてもらう人かどうか、自分の心に聞くのよ」

というように言えますし、男の子にも、

「好きな女の子ができて、その『いのちの道』に自分のペニスを入れたいなあっていう気持ちが湧いてくることもあるんだけども、本当に赤ちゃん卵の素を届けちゃったら、赤ちゃんの命が始まっちゃうからね。まだお父さんになる準備ができていない学生のときなんかは、新しい命が始まらないようにしなくちゃいけないんだよ。学生時代は大人になる力をつける勉強のときだから、急いで妊娠する必要はないんだよ。すてきな親になるためにも、学生時代はもっともっと大事なこと――勉強することや他の人を幸せにする大切な力をつけておくべきこととかを優先しようね」

というように、話せるといいですね。

Q13 さりげなく性の話をするきっかけづくりに、何かいい方法はありませんか？

巻末の絵本でも、お母さんがのんちゃんに、かぶと虫の交尾を通して性の話をする場面がありますが、かぶと虫は、こういうときとってもいい教材になります。

飼ったことありますか？　つがいで。経験がある方はご存じでしょうが、夏の終わりに必ず交尾をします。そのときが、自然に命の話をするチャンスです。「ほら、お父さんかぶと虫とお母さんかぶと虫が、未来のために赤ちゃんづくりしているね。赤ちゃんほしいんだね」と言うと、「ああ」って感じてくれます。「犬もかぶと虫も人間も、みんな未来につながりたい、赤ちゃんに会いたいって、性器と性器で赤ちゃんタマゴを出会わせるんだな」っていうことを、ストーンと理解していきます。

犬や猫だとちょっと生々しいけれど、かぶと虫のような昆虫だったら無理がないですよ。ぜひ試してみてください。お勧めです。

それから、どの家庭でもいちばん自然で簡単なのは、食卓の上や横に、性に関する絵本などを置くことでしょう。

9歳までのお子さんなら、男性と女性の体のしくみが簡単にわかる絵がふんだんに入っているものがいいですね。

性教育の絵本だけでなく、体の図鑑的な本も役に立ちます。

幼稚園児でも見られるものから小学生向け、中学生向けとさまざまな本が出ています。それらのブックガイドを173ページにつけましたので、ぜひご覧になって、お好きなものをまず1冊でいいので買ってみてください。大人もけっこう楽しめますよ。

もちろん、わが家でもそうしてきました。たとえば『いつからオトナ？　こころ&からだ』（北村邦夫　集英社）は、上の3人に見せています。『人のからだ』（学研）も、どの子もよく見ます。妊娠や出産のこととか、お腹の中の赤ちゃんの発達とかが、たくさんのカラフルな絵や写真で出ているので、テーブルの上にあると、パラパラめくって見るんです。

お腹の中の赤ちゃんが、月日とともに発達していく様子なんかを一緒に見ながら話せば、「ああ、こういうふうになってるんだ」ということがわかりますし、同時にその子を妊娠しているときの思い出話などをすると、「自分もそうだったの」と、より興味を増します。

「うん、そうだよ。あっ、赤ちゃんのときのアルバム見ようよ」とアルバム取り出したりして。それを見ながら「ね、そうでしょ。あなたもこんなちっちゃい足だったんだよ」なんて――。

そういう会話をしているうちに、子どもは自分が誕生したときのことを知り、「ああ、尊い命だったんだなあ。愛されて世話をしてもらえたから、今があるんだなあ」なんてことを感じてくれます。

Q14 子どもに出産のときの様子を話すとき、何をどう話したらいいんですか。

一般的な命の話だけでなく、自分がその子を産んだときのことを語るのは、とても大事です。どの子も必ず目を輝かせて聞いてくれます。小さければ小さいほど、赤ちゃんがえりをして、膝に乗りたがったりして、甘え上手になれる話題です。

さて、その話し方ですが、まず気をつけていただきたいのは、たとえ事実でも、「否定的なことは言わない」ということです。

出産の話はまろやかに、正しいだけでなくロマンティックに伝えることを心がけましょう。ロマンティックに、というのは、優しい柔軟なイメージでということです。

具体的に言えば、「ボクを産んだときどうだった?」「私を産んだとき、どんなだった？」と聞かれたら、「そりゃあ嬉しかったわよ！」と、まずはそのときの喜びの気持ちを教えてあげるのです。

「あなたの顔見たら嬉しくて。お猿みたいに真っ赤でかわいくてね。嬉しくて嬉しくて、チュッチュチュッチュしちゃったわよ！」なんていうように――。

ここは多少誇張してもいいので、盛大に感動したことを伝えることです。

「産んだとたん新生児室に連れていかれちゃって、お母さん、やっとお産終わったって思った」などと言うのは、「入院レポート」。「わが子に出会った感想」ではありません。こういう伝え方をすると、子どもは、命というのは雑に扱うもの、大事じゃないもの、オレなんかどうでもよかったんだなというように受けとったりします。

だから多少フィクション混じりになってもいいから、本当に嬉しかったと伝えてください。「死ぬかと思った」などと決して言わないでください。子どもは産むのが怖くなります。

それから「痛かった？」と聞かれたら、「痛いんだけど忘れちゃう痛みなのよね、顔見たらどっかいっちゃったわよ」というような答え方をしましょう。

帝王切開だったのなら、「帝王切開という方法で産むのを助けてもらえる時代で本当によかったね。幸せな時代でよかったね」とか。

まだ小さな子だったら、「〇〇ちゃんが生まれるとき、お医者さんに、お母さんのお腹のいのちのお部屋に窓をつけてもらったの。助けてもらえてうれしかったのよ」と言ってもいいでしょう。とにかく肯定してください。

早産だったら、「早く生まれても助けてもらえる時代でよかったね。200年前だったら、あなたが生まれてから助ける道具が足りなかったかもしれないわよ」と言えるでしょう。

どういう状況であっても、出産時のことを話すときは、喜びのアプローチにするのです。ポジティブアプローチ一色で語るのが、ここではとても大事なポイント。マイナスの言葉は一切使う必要はありません。

出産は本当はすごく痛いのに、痛いってきちんと伝えないと嘘じゃないかと悩むことはありません。

実際に「いやだったのよ。二度とお産はいやだと思ったから、あなた1人っ子なのよ。ごめんね」なんて正直に言ってしまう人も少なくありません。そうすると子どもは、「いやだなあ、赤ちゃん産むとき死ぬほど痛いんなら、私は子ども産まない。ママ、孫の顔見せないでいい？」などと言い出したりします。「痛かったわよ、注射もされて、こうやって切られてね」というようには答えない。「痛かった」「いやだった」は絶対禁句です。出産は痛いいやなもの、「将来あなたも産むのね、かわいそうね」なんて言われてる子どもは、「死ぬほど痛いんでしょう？」なんて私に聞いてきたりします。陣痛のことをもし聞かれたら、「ちゃんと陣痛と陣痛の間にお休み時間が来て、どんなに強いときでも、その休み時間が90秒数えるくらいあって、そのときは痛くないの。それに痛みも、ギューッと赤ちゃんを押し出してくれる痛みだから大丈夫なの」とか「でもその陣痛も、赤ちゃんの顔を見たら吹っ飛んで忘れちゃうのよー」って教えてあげてください。

子どもに「未来は痛いことが待っている」とか「出産はいやなもの」とか、ひいては「赤ちゃんの命はできれば避けたいもの」なんて思わせないということを優先しましょう。

子どもたちは、お母さんに医療レポートを聞いているわけではないのですから。自分が生まれたことでいかに感動して、いかに嬉しかったかが聞きたいんです。新しい命が生まれてくるときの自然の営みがいかに素晴らしかったかを伝えてくれる大人に出会えれば、子どもは次世代にもそれを伝えるでしょう。

また、出産イメージそのものが、命のイメージになっていくということを忘れないでおきましょう。それぐらい大事なことなのです。

出産のことを夢がふくらむように伝えてあげれば、命に対しても夢が膨らみます。

Q15 「難産でつらかった！」って言ってしまいました。取り返しがつきませんか？

ご質問の方だけでなく、Q14をお読みになった方の中には、「もうさんざん痛いって言っちゃった」という方もいるかもしれません。いいんです、まだ間に合います。痛いけど大丈夫な痛さだったって、言い換えればいいのです。たとえば、

「痛いことは痛いけど、切れちゃう痛みとかじゃなくって、子宮がパワフルに赤ちゃんを運んでくれる痛みだから。人を運ぶ痛みを陣痛っていうのよ。『さあ、ママとパパに会いに行ってね。一緒に暮らしはじめてね』って、押し出してくれるために子宮が縮むの。昔は神に通じるっていう意味で『神通』って書いたんだって」

というように話せば、「そうだよね、未来の人がやってくることだもんね」な

んて、不思議な命の力の話としてリメイクできるでしょう。

「痛ったかったよ～」と言った方は、タイミングを見て「でもわが子に出会うのは本当に嬉しいから、産むのはオススメだよ。痛くても忘れちゃう痛みだから大丈夫よ」って、つけ加えてみましょう。

この地球上の命あるものすべてが、結ばれることで次世代を宿し、子宮の波によって母体の外へ出発してくるのです。次世代を産むのは簡単なことではありませんが、親となった世代の心身を痛めつけるしくみにはなっていません。

Q16 親がタッチコミュニケーションしようとしても嫌がられませんか？

私は、４番目の子が生まれてからベビーマッサージの教師になったので、自分の子どもにベビーマッサージを始めたのも、４番目の子が最初です。そのときには上の３人の子は、もうベビーではない歳になっていましたが、それでも一緒にマッサージをしてあげました。

赤ちゃんは、ベビーマッサージによる肌のふれあいを通して、「愛されている」ということをキャッチしてくれます。「肌から伝わるものがある」という効果は、小学生でも10代の子でも基本的には同じです。

タッチコミュニケーションは、ずーっと続けてあげてください。そのことで、愛されているというあったかい想いを伝えられるだけでなく、「これはいやなさわられ方だな」「これは気持ちのいい、安心、安全、自由を感じるさわられ方だな」と、自分への接触がどういう意味を持っているかを判別できるようにもなるからです。それがわかると性被害に遭うことを防げますし、性被害に遭わないようにしようと子ども自身も気をつけるようになります。

4番目の子にベビーマッサージしていると、他の子がみんな裸になって並びました。「次、私もやって！」って。小学校高学年になった長男も「ボクも！」と並びました。

ベビーマッサージは、白ゴマ油（太白油）を使って全身マッサージをするのですが、それをみんなにしてあげました。長男は結局中1までやってました。

その子は今高校生で、身長が180センチ近くもあるのに、「お母さん、なんか頭痛い。熱あるみたい」っておでこをくっつけることも平気です。

タッチコミュニケーションは、いくつになっても遅いということはありません。家庭の中で、常に温かい手で触れてあげてください。温かいまなざしとともに。

手からも目からも愛情色の光が出ているようなイメージで、その光をありったけ注ぐのです。

そうすれば子どもたちは思春期になっても、自分の肌の感性や性のアイデンティティをしっかり持って、自分の体の発達をしっかり認識して、自分はみんなから大事にされるんだから、自分も自分の未来を大切にしなくちゃ愛してくれている大人に悪いな、という感性をちゃんと身につけていってくれるはずです。

Q17 大葉さんは、働きながら5人も子育てしてて、どうしてお子さんと会話ができてるんですか?

親子の間で豊かな会話をするために、意識して会話の機会を増やしているだけでなく、話し方にもちょっと工夫しているからかもしれませんね。

同じように声をかけるのでも、「なんで早く帰ってこないの」「なんであなたは間食ばっかりするの」といったきつい質問型で話しかけてしまうと、子どもの返事は、反射的に「だって……」と言い訳から始まります。そして、言い訳型やけんか型の会話になってしまいがちです。

心当たりがある方は、言い方を「提案型にする」ということを心がけてみませんか。子どもに何か話すときは、「ね、しようね」「しようよね」と言う。「なんであんたはこうしないの。もっとこうしなさいよ!」ではなくて、提案するのです。

「なんで早く帰ってこないの」と言う代わりに「ねえ、今日ちょっと遅いよね。もうちょっと早く帰ってこようよね」、「なんで勉強しないの」の代わりに「勉強しようよ。だって気持ちいいよ、自分が努力したのが実って成績が上がったら」、「なんであんたは間食ばっかりするの」と言う代わりに「そんなに間食しちゃだめだよ。間食するなら4時ぐらいまでにしようよ。7時にごはんにするからね」といった言い方に変えてみるのです。

「早く起きなさい！」って命令しても言うことをきかない子が、「もう起きようね」っていうとあっさり聞いたりします。

私も忙しかったりすると、つい「あなたはなんで自分で食べたお皿すぐ洗わないの！」なんて言ってしまいます。でも、相手を主語にして「なんであなたはそうなの？」って言い方をすると、「だって」と、理屈を考えて答えるだけです。「ねえねえ、自分で食べたものは自分で洗おうねー」と「しようね」式で言うと、不思議と「はーい」って動く。言葉の魔法だなあ、と感じる瞬間です。

Q18 食卓だけでなく、うちの子はいつだって親の言うことをきかないので困っています。

お互い気持ちのいい会話をするには、「いいね」「ごめんね」「ありがとう」を上手に使うことも覚えておくと便利です。

何かあったらすぐ「いいね」と口に出す。「あ、その返事いいね」でも「そのやり方いいね」でもなんでもいい。その子がおしゃれさんなら「その髪型いいねー」でもいいんです。

いいねって言われると、嬉しいんです。それは大人だって同じですよね。子どもなのにおしゃれのことばっかり気にして、なんて思わないであげてください。自分をよく見せたいという思いで髪型に気を使うのは全く正常な発達ですから。

ティーンエイジャーになれば、その傾向はますます強くなります。異性の目を気にしはじめますから。それもまた正常な発達の証拠。

「ドライヤー使って何十分も洗面所にいて！　何してるの！」じゃなくて、「いいね」と言えば「なんだ、お母さん認めてくれてるんじゃん」となります。「ありがとう」も「ごめんね」も同様です。何かあったらすぐ「ありがとう」。非があったらすぐ「ごめんね」。すっと口から出てくるようになるまで、意識して使ってみましょう。

中でもいちばん有効なのは、「生まれてきてくれてありがとう」でしょうか。ことあるごとに、「生まれてきてくれてありがとう」って言ってみてください。

私は高校生の息子にさえも「あなたが生まれてきてくれたから、赤ちゃんやお産が大好きになって、お母さんこの仕事してるんだ。お母さん天職だと思ってるんだ」としょっちゅう言っています。たまに親子げんかをすると、「母さん、オレが生まれたからその仕事できてるんだろ」とか言いますが……。

とにかく、この「生まれてきてくれてありがとう」は、その子の自尊心を高める最高の言葉です。ベタベタしたしゃべり方じゃなくていいので、何歳になっても「生まれてきてくれてありがとう」と言ってあげましょう。靴を買い換えるたびに、「もう足こんなに大きくなったんだねー！　小さかったのに、すごいねー。生まれてきてくれてありがとうね」でもいいんじゃないですか？

「あなたと一緒にいると楽しい。一緒にいられてよかった」ということをいつも口に出していると、「自分はこんなに愛されてるんだな」と感じてくれる——この感覚、わかりますよね。大切な人には、何度でも何度でも愛しているって言われたい、それが人の自然な心だと思います。

Q19　9歳の息子が最近やたらと反抗的。性の話など、できる雰囲気ではありません。

どんな子でも、子どもはやっぱり親に愛されたいと思うものです。それも一生。みなさんのパートナーも、いくつになってもご実家のお母さんが大好きなんだなあという場面に遭遇しませんか？

人間はみなお母さんの子宮出身なわけですから、まさに母は大地、お母さんに愛されたいという感情は本能的といってもよく、それは一生続くものです。お子さんはさらに数年先には第二反抗期を迎えるでしょう。反抗期になると「うるせえばばあ」「あっち行け」なんてことも言ったりしますが、それでもじつは愛し合いたいと思っています。

ちっとも言うことをきかない、かわいくない態度をとる子がいたとしても同じです。そういうときは大人であるこちらが、察してあげたいもの。売り言葉に買い言葉で感情的にならないで、きちんと「いいね」「ごめんね」「ありがとう」を連発しながら、いっぱい話しかけてあげるのです。「ホントは私にちゃんとかわいがられたいと思ってるんでしょう」なんて言わずに——。

何度も言うように、会話のある家庭の子どもは、初体験のときから、あの親を悲しませたくないという思いを持ちます。

いつもおいしいごはん作ってくれるし、「どうしたの？」って気づいてくれるし、髪型にも気づいていいねって言ってくれるもん——と。自分の性行動から新しい命が始まってしまうということを、きちんと考える子になります。自尊心が持てる子は、命の根っこをも大事に思えるからですね。

会話の仕方については、Q19での回答を参考に。ご主人とも話し合うといいですよ。夫婦の間の会話も大事ですけどね。

「なぜ○○なの？」と質問形で不満を表現するのではなく、「○○してくれると嬉しいな」「○○と思うけど、どう思う？」などの表現がお勧めです。

Q20 「つ」がつくまでは膝の上とか、「2歳まで母乳」って、子どもを甘えさせることになりませんか？

日本では、「甘え」という言葉はネガティブに使われることが多いようです。無責任に他人を頼る大人に対して「結局、甘えてるんだよね」とか、「あの人、すぐ人に甘えて」などと言うときも、甘えん坊の子どもに「高校生にもなって、まだ甘えて」「お兄ちゃんになったんだから、もう甘えないの！」と言うときも、甘えはいけないという含みがあります。

でも「甘え」は「心を開く」と言い換えることもできるのではないでしょうか。

つまり、ポジティブな要素にもっと着目していいと思うのです。

甘え合える夫婦関係、甘え合える親子関係、甘えられる家庭――。もちろん、親が子どもに全面的に甘えるのはよくないですけど、子どもは甘えることが素晴らしくて気持ちいいことだと体験することで、将来、甘えさせることのできる親になることができるのではないでしょうか。

では、心を開き合うポジティブな甘えを育むには、何が必要なのでしょうか。『正しい甘えが心を癒す』（文芸社）という本があります。アメリカのメリーランド州立大学アジア校で教えておられる又吉正治先生が書かれた本です。この本の中で、又吉先生はまさにタイトルのとおりの主張をなさっています。そしてその主張を支えているのが、性善説で生きるということです。

人間の本性は善であるというスタンス。何かことが起こったとき、その出来事や現象に怒りや不信を抱いても、それに関わった人自身まで否定しないという心です。

罪を憎んで人を憎まず――。子どもたちに対しても、悪いことをしたときにはきちんと叱らなければいけないけれど、その子自身は否定しない。思春期になって妊娠するような行為をして、妊娠中絶をしている10代、20代の子たちも少なくないのが現状です。この世代の妊娠中絶率の上昇は、先進国の中で日本が最も高いのです。でも、とんでもないことをしたなどといって、その子たちの人格を否定しないことです。

今これほど中絶が多いのはなぜか。元をただせば、大人たちにだって責任があります。会話もなく、思いやりを示す機会もなく、あたたかい食卓を用意できない家庭に原因があるのかもしれません。

でもさらに、その親だけに責任があるのではありません。子どもを『孤食』にして残業しないと家族の家計がまかなえないという社会のシステムが、理想的な子育ての環境づくりの障害になっていたりします。

ともあれ、いろんなことがあっても、1人ひとりは善《よ》くあるために生きているんだという性善説を大事にすれば、心を開き合う「正しい甘え」ができるでしょうし、それは又吉先生の書名どおり、家族がお互いに「心を癒す」ことになるのではないでしょうか。

Q21 「生まれてきてくれただけでありがとう」と伝えるのって、そんなに大事ですか？

日本には、現在約６００万人もの「引きこもり」の人がいると言われています。「引きこもり」は、病名ではありません。精神障害などの症状が見られるわけではないのに、半年以上自宅に引きこもって社会参加しない状態の人を指して言うものですが、中には半年どころか何年も家から出ない人もいますし、青年だけでなく、30代や40代の引きこもりの人もいます。

私は専門家ではないので詳しいことはわかりませんが、この国の子育て状況や家庭環境を見てきて、引きこもりは、早くに子ども時代を終えさせられてしまった人たちが、引きこもることで今「子どもをやっている」のではないかと思えたりします。子ども時代に、親に依存されたりスポイルされたり甘えられてしまった子は、どこかで自分の育て直しをしなくてはならなくなります。20代や30代になって出社拒否をしてみたり、引きこもりをしてみたりするのは、子ども時代の育てられ方とどこかで関係しているのではないでしょうか。

何かができるから誉められるのではなくて、「何にもできなくても、生まれてきてありがとうって思ってほしい！」「会社に行けなくなった私でも愛してよ！」「家にいていいって顔しててよ」――そういう、子ども時代にできなかったサインを出しているように見えるのです。愛しているよという目線や手のぬくもり、甘えていいよという雰囲気といったものが家庭にない。甘える余地がなかったのではないか。だから私は、甘えることでしか回復しないのではとも思っています。

30代からの引きこもりがとても多いというのは、世界的に見ても日本だけの特徴です。「早く育て」「早く偏差値を上げろ」「早く立派な大人に」「早くいい学校に」と、ずっと言われつづける子どもたちには、自分がありのままに受け入れられて、甘えを満喫する時間など与えてもらえません。本当はそれがいちばん必要なときなのに。これに対して、「生まれてきてくれただけでありがとう」は、その子の存在をまるごと認め愛する言葉です。どうか、いつでも伝えてください。

Q22 7歳の息子が、学校から帰ってくるなり、「セックスって何？」と聞いてきました！

子どもは、ときどき無邪気《むじゃき》にストレートな質問をしてくるものです。

5歳の子に「お母さんセックスって何？」と聞かれてビックリしたという話もよく聞きます。

いきなり聞かれると、一瞬ドキッとするかもしれませんが、じつはこのときこそチャンスです。間違っても、「何言ってんの。そんなこと聞かないの！　中学生になってから教えるわよ」なんて言っちゃダメです。

そういう反応をすると、子どもは「ああ、これは大人には聞いてはいけないことなんだな」と、敏感に察知します。お母さんのいやがる話題なんだと思ってしまったら、それ以後、性に関してどんな心配ごとや悩みがあっても、親に聞かない子どもになってしまいます。

だから話を避けるのではなく、冷静に、あたたかく、「どうしたの、知りたいの？　どんなところにそんな言葉が出たの？　何かで読んだ？」などと聞くようにして、わが子がどのような質の疑問を持っているかを、聞いてあげるのです。

こういうときに、Q13や巻末の絵本で紹介したように、かぶと虫などの昆虫を飼って、交尾を見ていると話はうんとしやすくなります。

「かぶと虫も夏の終わりに赤ちゃんづくりするでしょう？　あれと同じだけど、人間の場合は、赤ちゃんづくりにセックスっていう呼び名があるのよ。男の子のおちんちんもペニスっていう呼び名があって、女の子の命の道もヴァギナっていう呼び名があるのよ。これはお医者さんの言葉なんだけどね」……。

人間でなくとも、命がどのように始まるのかをビジュアルで経験していると、人間の赤ちゃんの場合も生命の神秘としてスッと受け入れます。

そういう環境が整っていないときは、本を買ってきて見せてあげながら話しましょう。とにかくごまかさないで話をすれば、子どもはシンプルに清潔に受けとめてくれるものです。

Q23 将来、子どもに避妊の話もしなければならない、と思うと、どうしても気後れします。

子どもに伝える性の話の中でも、避妊の話は伝えにくいことの筆頭格かもしれません。けれど、これも小学生のうちに、シンプルにでも話せたらベストです。親から思春期を迎える子へのギフトとして――。

これまで紹介したように、子どもは親の知らないところで性に関するいろんな情報をどんどん得てきますし、中学生になると、セックスが日常に紛れ込む可能性がグンと高くなります。小４のとき一緒にお風呂に入っていた子が、３年後に妊婦になることもあり得ない話ではないのです。

避妊といえば、最近は若い子にもピルを薦める医師が増えています。現代の医学では、女性の場合、避妊方法の中でもピルがもっとも避妊率が高いとされているからです。

望まない妊娠を高い確率で防ぐにはピル、でも性感染症を防ぐならコンドームというように、最近は双方向で伝える産婦人科医も増えていますが、専門家の指導は、基本的に産婦人科へ自ら足を運ばないと受けられません。

本当は、こうした話をしていくのも、家庭の役割なのだと思います。

すでに「いのちの話」をしている家庭、食卓で、みんなで命の大切さを共有できている家庭なら、避妊の話といえども、そうひるむことなく、話題にできるはずです。

そうした環境の下で、子どもに「自分の命は大切である」「自分はみんなから未来を楽しみにされている存在である」といった自尊心が育まれていれば、そこを共通認識の土台として話を進めていけます。いやらしい話などではなく……。

また、親子の間でスムーズな会話ができれば、その子はつき合う相手に対しても、避妊や性感染症のことについて会話ができるように育っていくわけです。

避妊の話をすることは、子どもが自分を守るチケットを持たせてあげること。そのチケットを手に、思春期の大海に送り出してあげましょう。

子どもがのびのびと大海を泳ぐためには、「もし自信のないことがあったら、いつでも聞いてよ。わからないことがあったら、いつでも戻っておいでよ」という土壌を作ってあげることも、もちろん大事です。

人はみな誰もが赤ちゃんとして生まれ、それぞれの人生を歩みはじめます。すべての人は、かつて赤ちゃんでした。

「子どもを叱るな来た道じゃ。年寄り嫌うな行く道じゃ」

という言葉があります。

私たちが来た道と同じようにはいかない、時代ごとに険しくなる「子どもに命を伝える、性を伝える道」ですが、一歩ずつ、一歩ずつ歩みましょう。

未来のかたまりである子どもたちの心身を守れる大人になるために。

そして、大人自身が、親としての未来に誇りを持つために――。

お勧めブックリスト

私自身と、多くのお母さんがたのご意見などを総合して、お勧めしたい本をリストアップしてみました。

＊本の定価は、2005年5月現在の税込額です。

読みきかせに……

『おんなのこってなあに？　おとこのこってなあに？』
ステファニー・ワックスマン　山本直英訳　福音館書店　￥1155
2歳から大人まで、親子で見ているだけで癒されるアメリカの写真絵本。強さも優しさも涙も運動神経も男女両方のもの、と、親子で人権について語る「会話の種まき」ができる。男女の身体が美しく、アート本としても楽しめる。

『あかちゃんはどこから？』
ローズマリー・ストーンズ　山本直英訳　ポプラ社　￥1260
家族の多様性や様々な人種の共生などが学べるイギリスの絵本。「性器の形もみんな違うんだよ」と科学的事実がほほえましく描かれ、「信頼できる人からのほんとうの話こそ子どもは感動する」というコメントにうなずける。

『みんなあかちゃんだった』
鈴木まもる　小峰書店　￥1365
生まれてからアンヨまでの成長が日々の変化で表現されている。おっぱいを吸っているときにする表情の話など、忘れていた乳幼児育児期の思い出があふれてくる！　親子でアルバムを引き出して懐かしみたくなる絵本。

一緒に見る本として……

『メグさんの女の子・男の子からだBOOK』
メグ・ヒックリング　三輪妙子訳　築地書館　￥1680
30年以上、カナダやアメリカで性教育を続けているカナダ人看護師の本。子どもと一緒に科学的な名称やしくみが学べる絵本と、4〜15歳までの子を持つ親からの質問に応えるページがあり、どちらも具体的。必ず重宝する。

『性の絵本④』
高柳美知子　大月書店　¥1680
「おとなはなぜ、産む人と産まない人がいるの」「なぜ夫婦げんかをするの」「なぜポルノをみるの」など、子どもの質問に上手に答えてくれる絵本。小学生でも一緒に楽しめる。暮らしの中での性やジェンダーなど生き方も学べる。

『人のからだ　ニューワイド学研の図鑑』
学研　¥2100
図鑑なので、骨格や筋肉など他の身体機能の解説もあり、妊娠出産を科学的にとらえるためにも、とても役立つ。受精から出産、成長まで、カラー写真や理科的なイラストで、小学校高学年になっても納得の1冊になるはず。

『性教育の絵本』
シルビア・シュナイダー　北沢杏子他訳　アーニ出版　¥2310
日々のこまかな心の動きや家族の生活を通して、主人公が成長していく、ドイツのストーリー絵本。「コウノトリのお話はもういらない！　ホントの話のほうがずっとおもしろいよ」がテーマ、とある。9歳以後からでも読める。

子どもが思春期に入るまでに親として読んでおこう

『LOVE・ラブ・えっち』
早乙女智子・岩室紳也　保健同人社　¥1050
産婦人科医の女性と泌尿器科医の男性が、ユーモアたっぷりに安全な性の情報を伝えているティーンエイジャー向けの本。生理、恋愛、性交など子どもが年頃になったら遭遇する事実を予習しておくことができる。

『メグさんの性教育読本』
メグ・ヒックリング　三輪妙子訳　ビデオドック　¥1890
大人向けの性教育入門書。いつからでも始められるし、始めるべき、とあらゆる年代の子を持つ親に幅広く対応。「私のやり方は間違っていない」と、大葉もほっと安心できた1冊。生命と性をつなげて伝える自信が生まれてくる本。

『さらば、悲しみの性――高校生の性を考える』
河野美代子　集英社文庫　¥460
9歳まではかわいくても、6年後にはこんな感性の持ち主になる！　ということを今から知っておくために。子ども自身が人生を豊かに創造するために必要な性の知識、現実の悲しい性を知り、大人はどうあるべきかを考えたい。

『いつからオトナ？　こころ&からだ』
北村邦夫　集英社　¥1260
思春期になるとこういう悩みを持つのね、と予習ができるはず。子どもとオトナの境界線で悩み、居場所を失う子どもたちを理解するために親も必読。図解やグラフが豊富で、現状を受け入れるための入門書にもなる。

参考文献として……

『子供の脳力は9歳までの育て方で決まる』
大島清　海竜社　¥1575
動物生殖学の教授が伝える脳やホルモンのしくみ。性教育は9歳までに伝えるといいという根拠が書いてある。科学的で神秘的で嬉しい、命を育てるという楽しみを、夫婦で倍増させるためにも、両親で読むといい本。

いのちはどこからきたの？
9歳までに伝える「誕生」のしくみ

2005年6月19日　第1刷
2007年4月9日　第4刷

著　者　大葉ナナコ
イラスト　朝倉めぐみ
装　幀　神崎夢現
図　版　玉城あかね
（23、74p）

発行者　田村隆英
発行所　株式会社情報センター出版局《エビデンスコーポレーション》
〒160-0004　東京都新宿区四谷2-1
TEL03-3358-0231　振替00140-4-46236
URL　http://www.ejbox.com

印刷所　中央精版印刷株式会社
編　集　三宅由香里

ISBN4-7958-4372-4

親子いっしょに読む絵本

いのちの道

きょうは、のんちゃんの5回目《かいめ》の誕生日《たんじょうび》。

のんちゃんは、おかあさんにききました。

「おかあさん、わたし、
生まれてくるまえは、どこにいたの？」

「おかあさんのおなかの中《なか》よ。

おかあさんのおなかの中には『しきゅう』っていう、
子どものお宮《みや》があるの。そこにいたのよ」

「お宮？」

「神社《じんじゃ》のことをお宮っていうでしょ」

「うん」

「神様《かみさま》のおりてくるところを、お宮っていうの。

そして、おかあさんのおなかの中で、
新《あたら》しいいのちがおりてくるお部屋《へや》のことを、
子《こ》どものお宮と書いて、子宮《しきゅう》っていうの。

ここが赤《あか》ちゃんのお部屋なの」

「わたし、赤《あか》ちゃんのお部屋《へや》で、なにをしてたの?」

「生《う》まれてから、この世界《せかい》で生《い》きていくために、いろいろなしたくをしていたの」

「たとえば?」

「のんちゃんとおかあさんは、へその緒《お》っていう長《なが》いひもでつながっていたのよ。おなかの中《なか》にいるとき、のんちゃんは、そこからおかあさんの栄養《えいよう》をもらって大《おお》きくなっていったの」

「それから?」

「おかあさんのおっぱいが飲《の》めますように、って指《ゆび》を吸《す》って練習《れんしゅう》していたのよ」

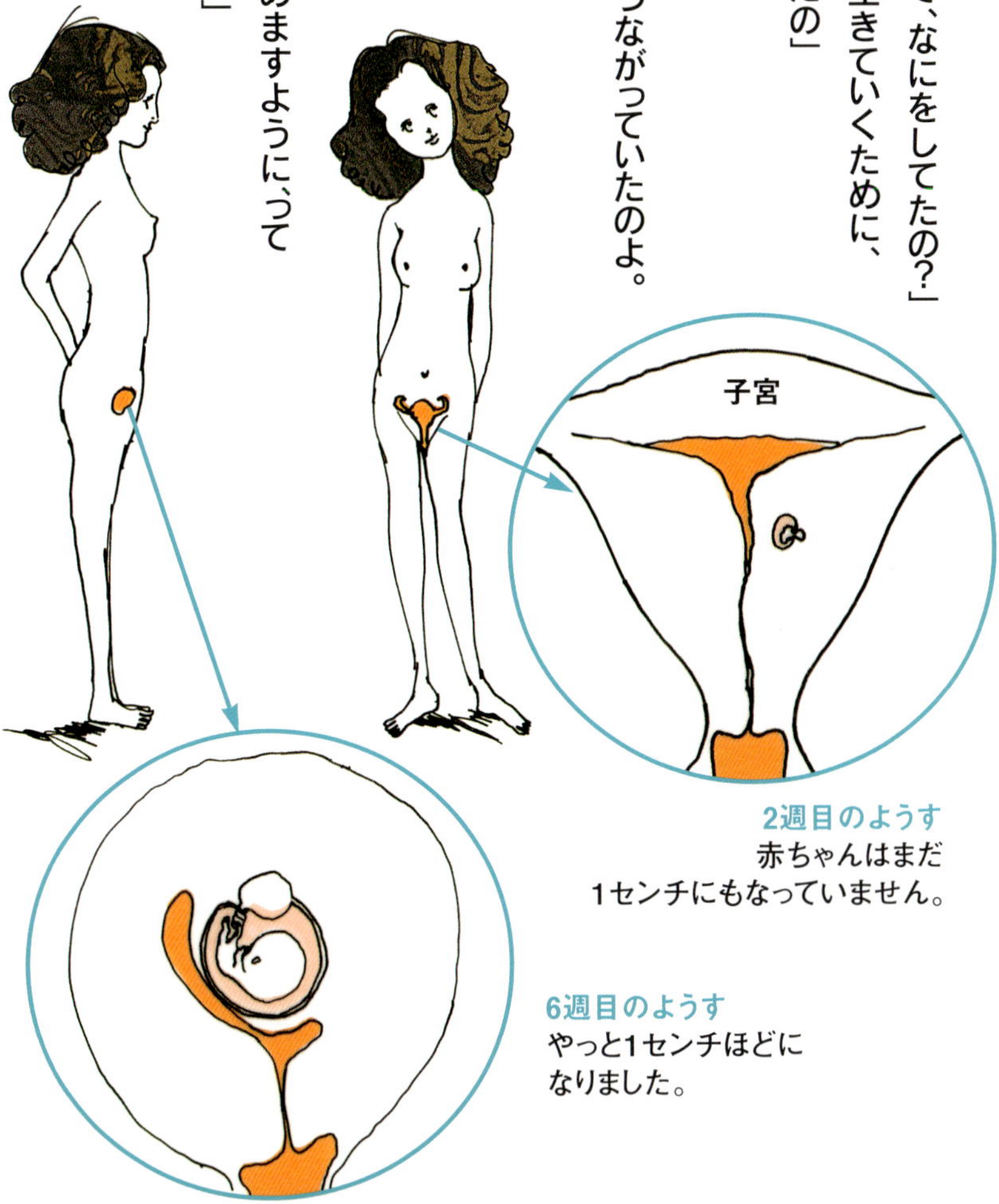

2週目のようす
赤ちゃんはまだ1センチにもなっていません。

6週目のようす
やっと1センチほどになりました。

「それから？　それから？」

「おなかの中《なか》で大《おお》きくなったころ、

『しきゅうさん、わたしを押《お》しだして。

おとうさんとおかあさんに、そろそろ会《あ》いにいくから』

って、生《う》まれて出《で》てくる準備《じゅんび》もしたのよ」

「わたしが自分《じぶん》でしたの？」

「そうよ。おかあさんは、なにも教《おし》えていない。

のんちゃんが自分で、
ちょうどいいなぁっていう大きさになるまで、まってたの」

「ほんと？」

「ほんとうよ。のんちゃんはすごいね」

「ふふふ」

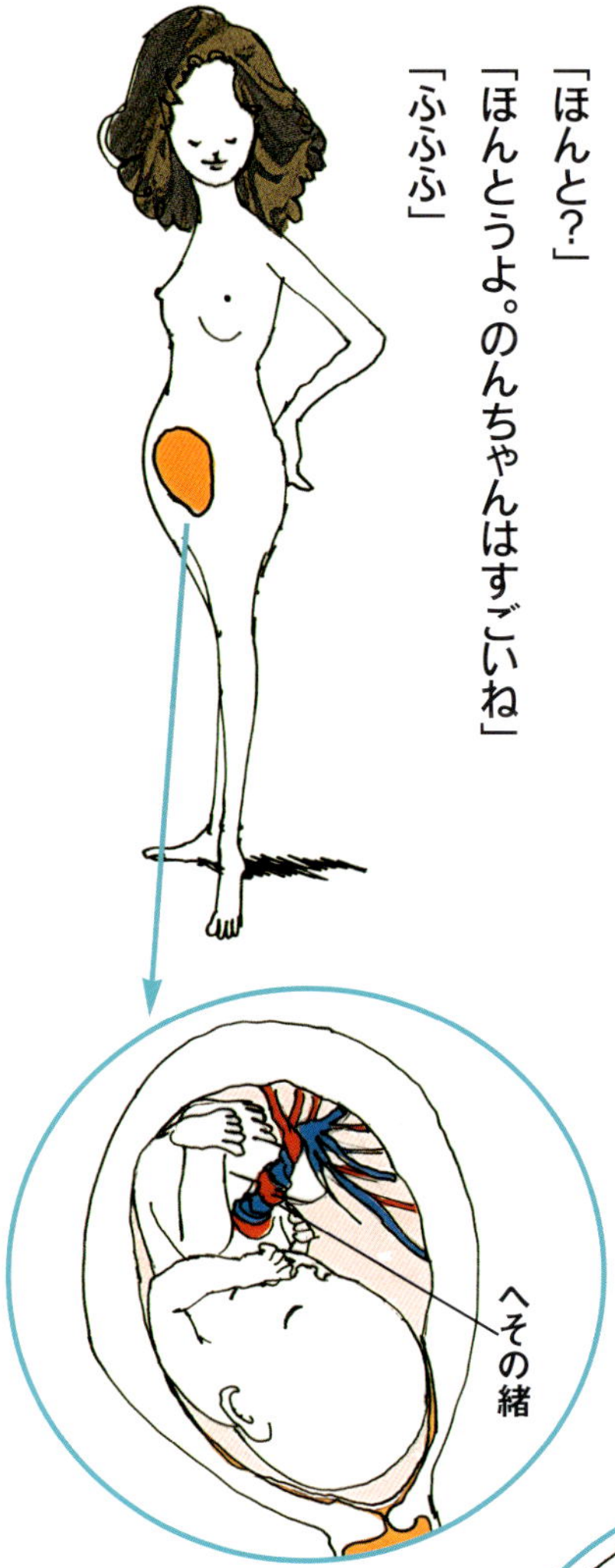

20週目のようす
25センチほどになって
もう手足もうごかします。

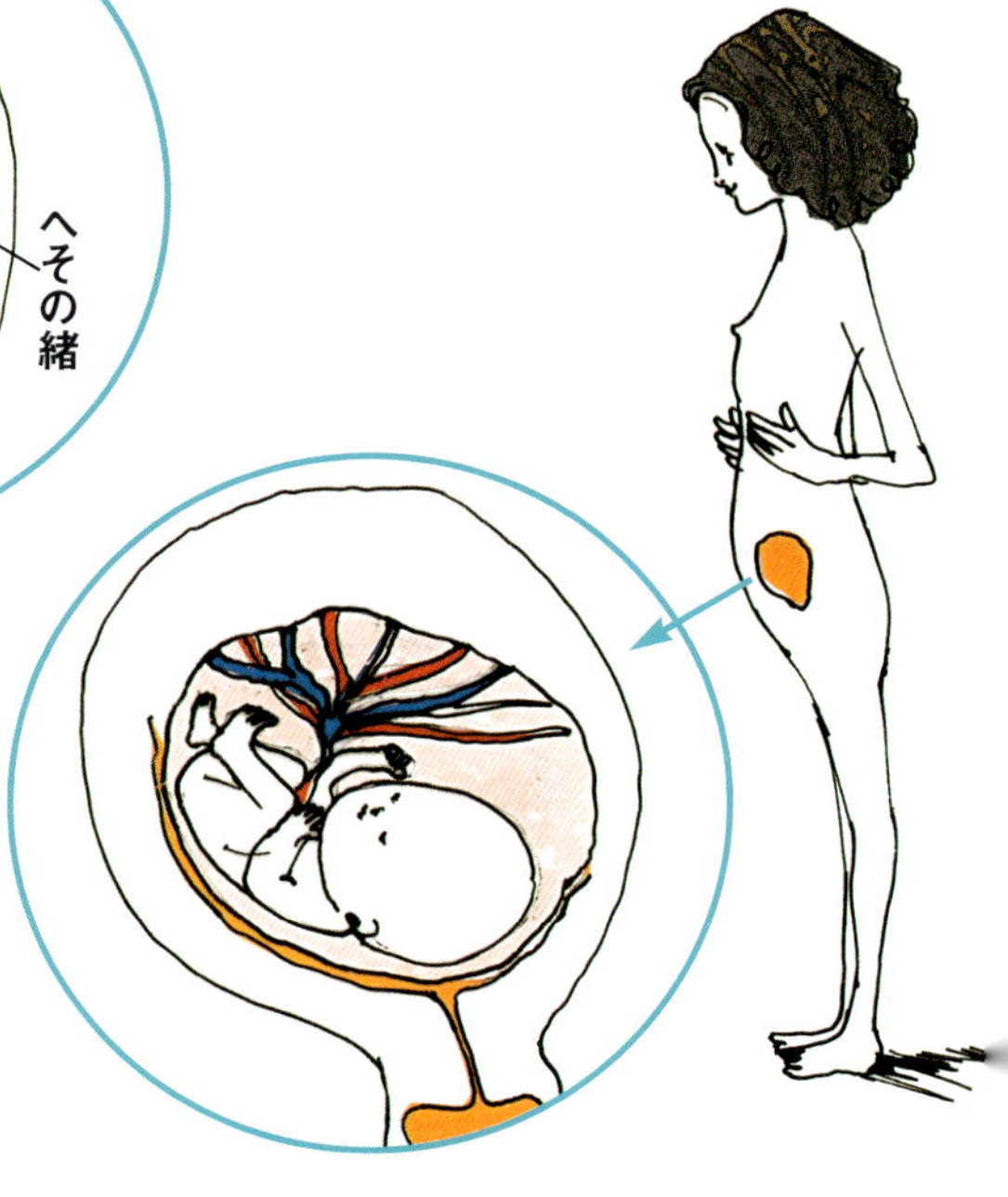

10週目のようす
5センチ以上になって
男女のちがいもわかります。

「それから、おかあさんが、
早《はや》くだっこしたいなあ！　って、まっていたら、
ある日、赤《あか》ちゃんのお部屋《へや》が、
きゅ～っとちぢまりはじめて、
のんちゃんが生《う》まれだしたの」
「どうやって？　わたし、どうやって生まれたの？」
「のんちゃんが自分《じぶん》で進《すす》んできたのよ。
のんちゃんのあたまの骨《ほね》たちは、
動くようになっていたって知ってる？」
「知らなかった！」
「のんちゃんは、まだほんの赤ちゃんのときに、
自分の力《ちから》で、
そのあたまの骨のつなぎ目《め》を重《かさ》ねあわせて、
頭《あたま》の大《おお》きさを小《ちい》さくしたのよ」
「自分で？」
「そう、自分で。
それから、こんどは、あごをひいて胸《むね》にぴたりとつけて、

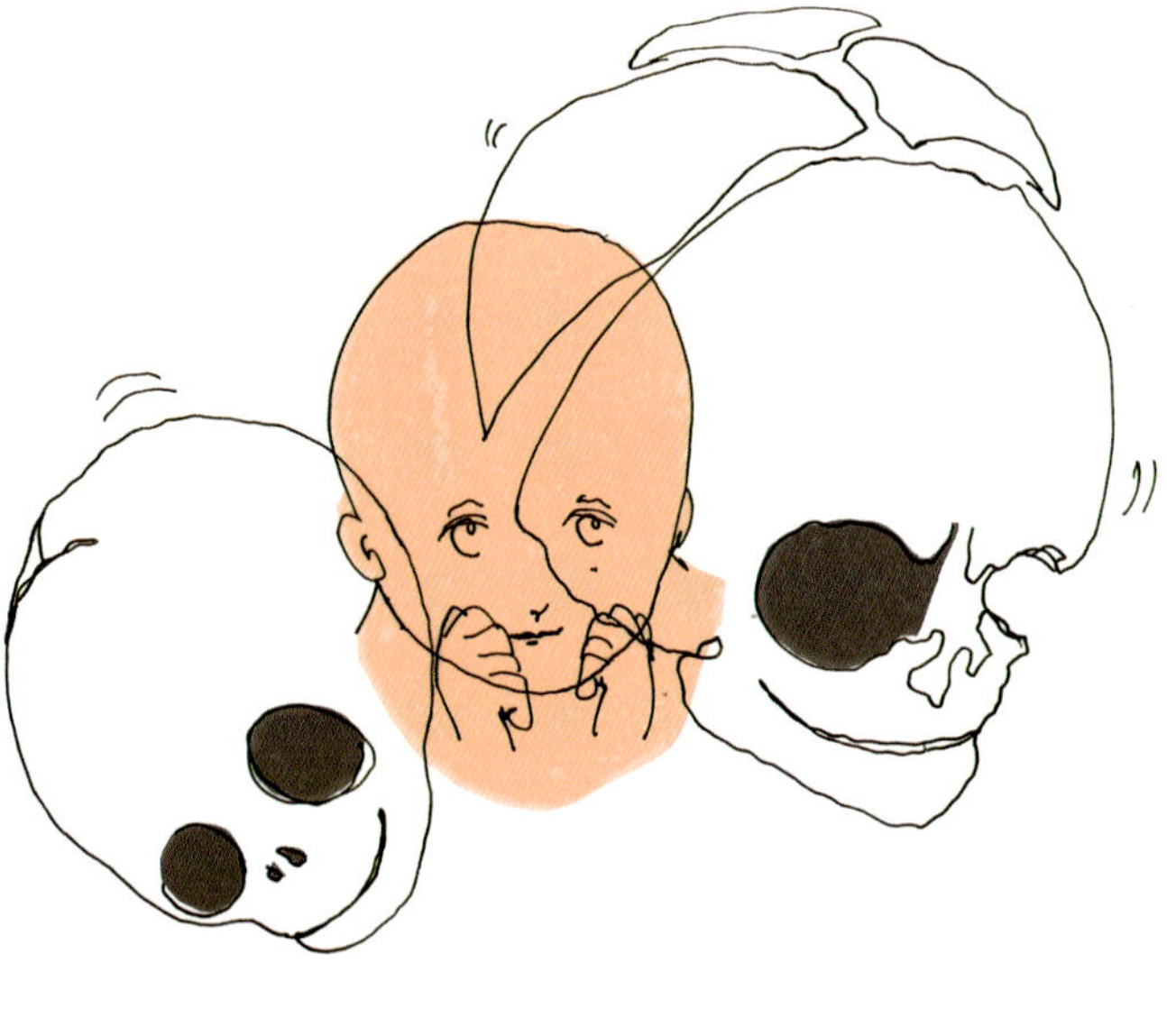

あたまの先《さき》から進《すす》めるようにしたの。
そうやって、自分《じぶん》であごをひいて、
やわらかい、口《くち》と鼻《はな》をまもったの」
「へぇ!」

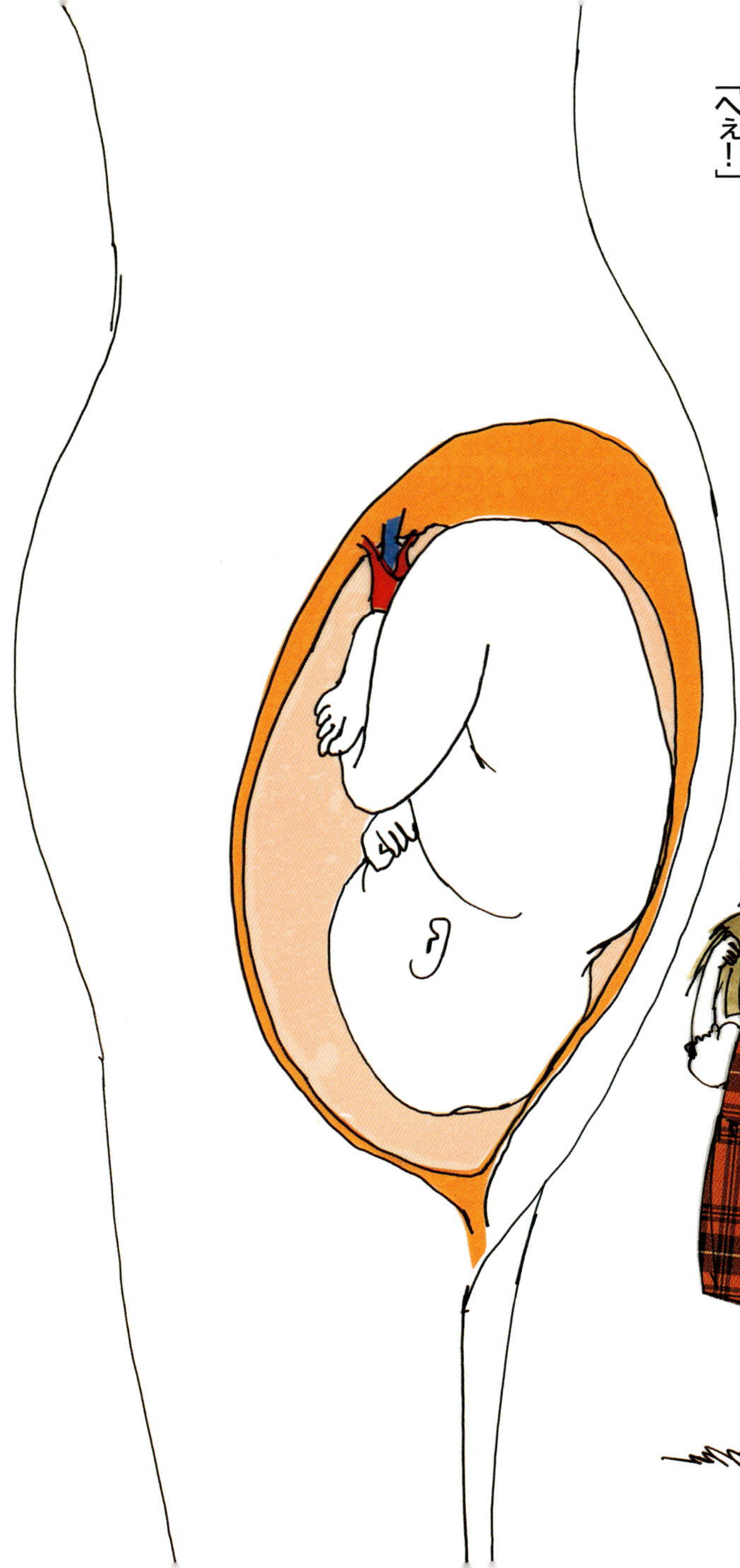

「それからのんちゃんは、
おかあさんの『いのちの道《みち》』を、通《とお》りはじめたの」
「いのちの道ってなあに?」

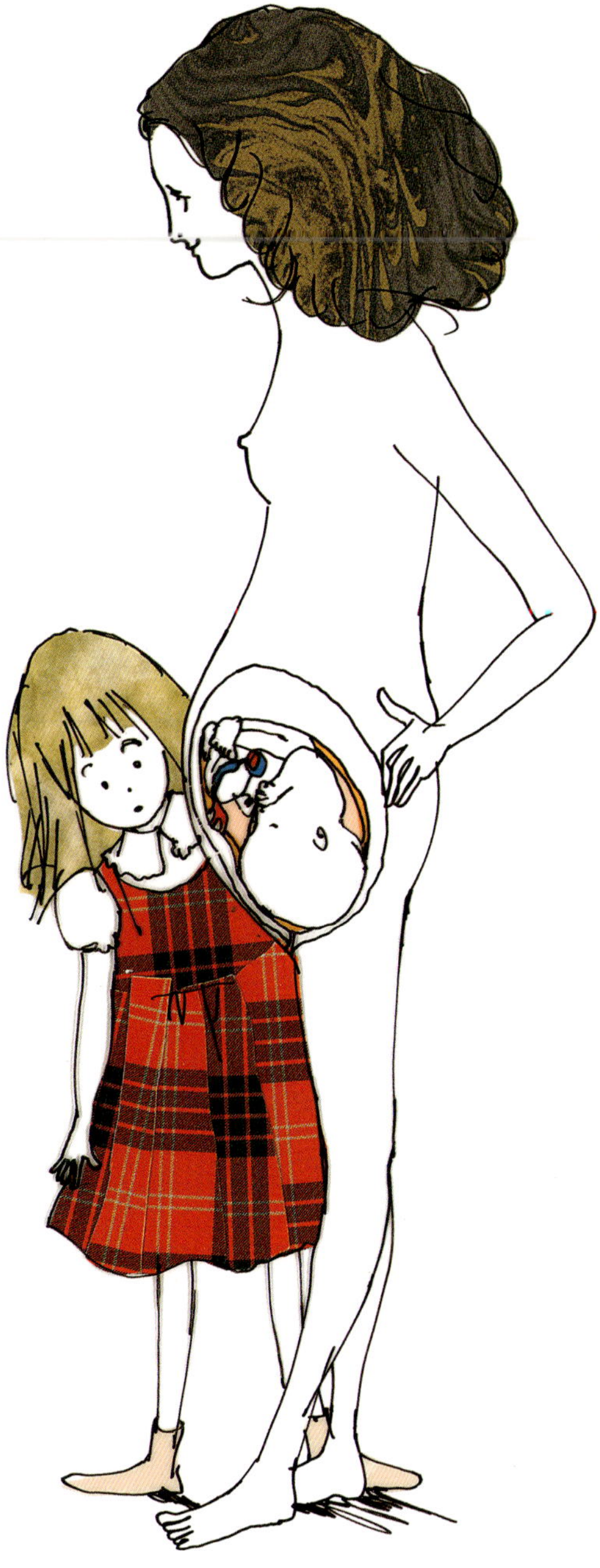

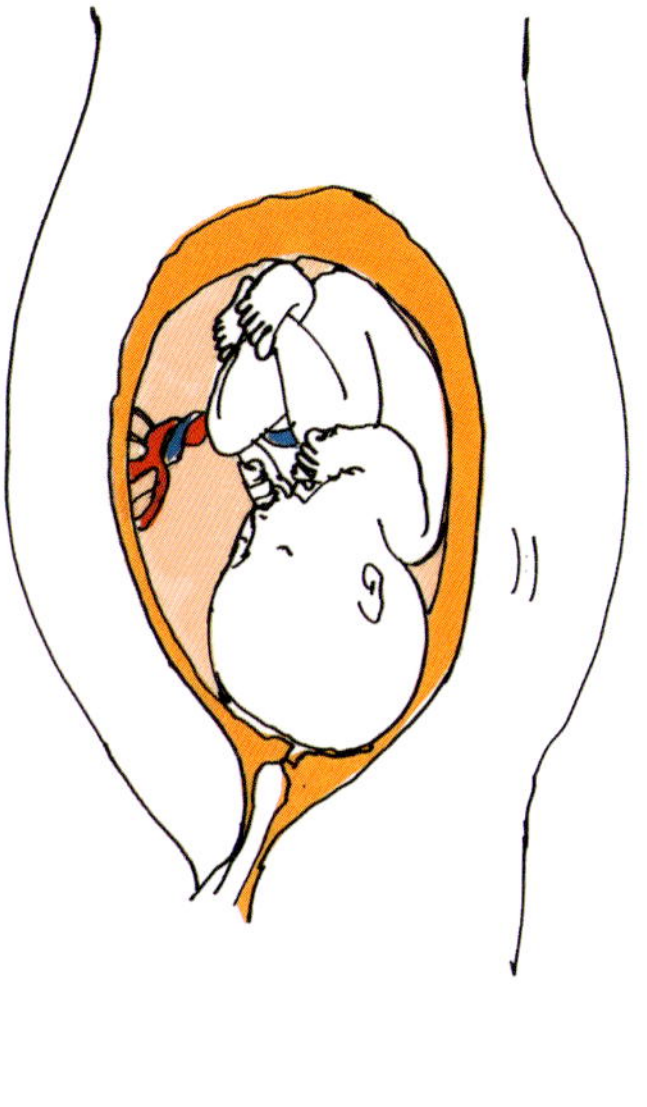

「赤《あか》ちゃんは、おかあさんのおなかの中《なか》から、
いのちの道《みち》を通《とお》って生《う》まれてくるの。
でも、その道の入《い》り口《ぐち》はよこに長《なが》くて、
出口《でぐち》はたてに長くなっているから、
通るときにくふうがいるのよ。
のんちゃんは、そのときどうしたと思《おも》う？」
「う〜ん……。わかんない！」
「その道を、自分《じぶん》でまわりながら通ったのよ」
「わたし、自分でまわったの？」
「そう。
のんちゃんは生まれる天才《てんさい》だったの。
おなかの中の学校《がっこう》で、ぜんぶ練習《れんしゅう》してたのね。
おかあさんは、進《すす》んでおいでって、おいのりしただけ。
のんちゃんは自分で頭《あたま》を小《ちい》さくして、
自分であごを引《ひ》いて、
自分でまわって進《すす》んできたのよ」

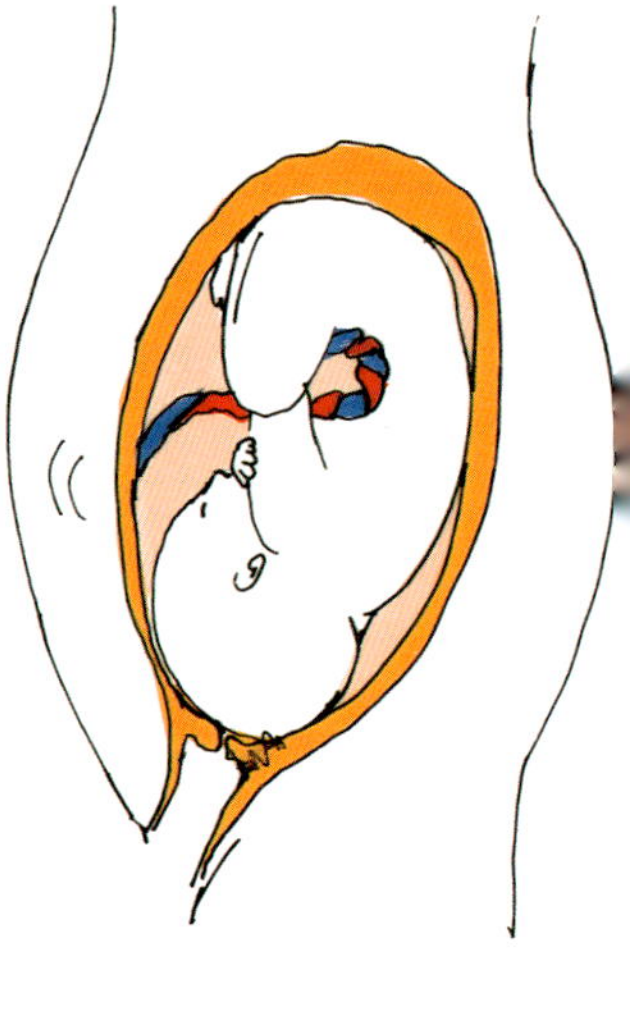

「のんちゃんには、いのちの力《ちから》が、いっぱいあったのよ」

「うん」

「でも、いまだって、
のんちゃんには、いのちの力がいっぱいあるのよ」

「わたし、まだほかにも、なにかできた？」

「うまれてきてからすぐに、ちょっと泣《な》いて、
息《いき》を吸《す》う練習《れんしゅう》もしたわよ」

「すごい！　すごい！」

「でもね、わたしの赤《あか》ちゃん！　って話《はな》しかけたら、
『なぁに？』って言《い》っているみたいに、泣《な》きやんだの。
そしておっぱいを、じょうずに吸《す》った。
目《め》をうっすらあけて、こっちを見《み》たのよ」
「ほんとぉ？」
「ほんとよ。おかあさんも、
おとうさんも、
とってもうれしかった」

「ねえ、わたしも大《おお》きくなったら、赤《あか》ちゃんうめる?」

「大きくなって、女《おんな》の人《ひと》のからだになったら、うめるわよ。

女の子《こ》はおかあさんに、男《おとこ》の子はおとうさんになれるの。

のんちゃんのからだにも、
もう赤ちゃんのお部屋《へや》と、いのちの道《みち》があるのよ」

「わたしにも!」

「そう。いのちの道のまえには、おしっこの道、
うしろには、うんちの道。

いのちの道は、まんなかでまもられているの」

「いのちの道って、たいせつなんだね」

「そう」

「男の子にはいのちの道はないの?」

「男の子のからだは、女の子とちがうでしょう?

男の子は、大きくなったら、
いのちの道のかわりに、おちんちんの中《なか》で、
精子《せいし》っていう、赤ちゃんタマゴのもとがつくられるの」

「男の子のからだの中にも、

赤《あか》ちゃんタマゴがあるの?」
「そうよ。
のんちゃんが、おとうさんにも、おかあさんにも似《に》ているのは、
おとうさんの赤ちゃんタマゴと、
おかあさんの赤ちゃんタマゴがであって、
のんちゃんのいのちのもとになったからよ」
「おかあさんとおとうさんの
赤ちゃんタマゴは、
どうやって
であったの?」
「それは、こんど
おしえて
あげるわね」

それから3日《みっか》たって、
おかあさんが、のんちゃんをよびました。
「ほら、のんちゃん、かぶと虫《むし》を見《み》てごらん。
赤《あか》ちゃんが生《う》まれますようにって
赤ちゃんタマゴをであわせているのよ」
「いま、赤ちゃんタマゴがあうんだ！」
「そうよ。おとうさんかぶと虫が、
自分《じぶん》のタマゴのもとを
おかあさんかぶと虫の、いのちの部屋《へや》のちかくに届《とど》けているのよ」
「わ〜い！　赤ちゃんが生まれる！
みんな自分で生まれてくるんだね」
「そうよ、いのちの道《みち》から生まれてくるのよ」
「新《あたら》しいいのちって、うれしいね」

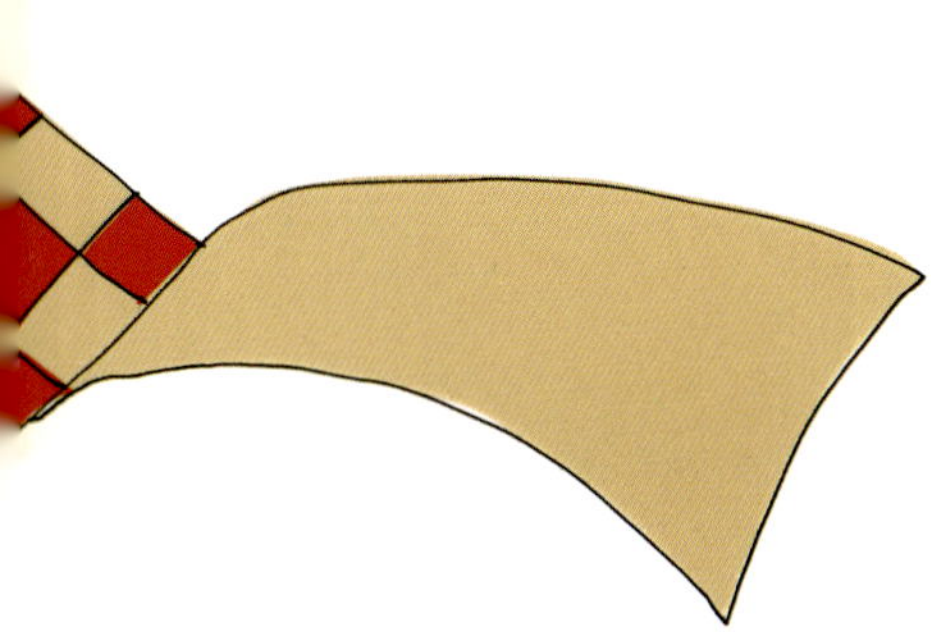

おしまい